LE JARDIN DE ROCAILLE

Titre original : « Steingarten »

ISBN 2-85182-605-0 — ISSN 1152-2119

LE JARDIN DE ROCAILLE

Création, plantation, entretien

W. HÖRSTER

TRADUCTION :
VALÉRIE GARNAUD D'ERSU

BORNEMANN

SOMMAIRE

A chaque niveau de plantation, derrière chaque rocher, les conditions de culture (ensoleillement, hygrométrie, humidité du sol) varient et se modifient au fur et à mesure de la croissance des végétaux.

PRÉFACE

La végétation alpine est fascinante. Ces coussinets fleuris jaillis des rochers, ces touffes résistant âprement dans le vent glacial d'un col enneigé presque toute l'année, ne manquent pas de ravir le promeneur, même non jardinier.
Au jardin, la rocaille est un peu le tour de force auquel tout jardinier un peu accompli rêve de se mesurer. Cette création d'un coin de "nature" dans le jardin présente en effet l'attrait d'une certaine difficulté. Il s'avère plus délicat d'obtenir un effet très naturel que de constituer un classique massif fleuri. Qui plus est, outre le travail de conception, la réalisation demande bien des efforts physiques !
L'époque semble révolue des rocailles strictement alpines (ou jardins alpins) des puristes, parsemées d'étiquettes, demandant des connaissances approfondies et des soins incessants. Si la flore alpine ou plutôt montagnarde (pour inclure les nombreuses introductions d'autres continents) demeure la source d'inspiration principale, l'accent est mis de plus en plus sur la réussite paysagère, la réalisation d'une rocaille agréable à l'œil, même si elle réunit des végétaux d'horizons très différents, et bien intégrée dans le plan d'ensemble du jardin. Le but recherché est l'harmonie entre l'élément minéral, aux lignes "dures", et le végétal, souple et changeant. Les plantes ont bien sûr en commun une taille relativement petite, un charme dépourvu de sophistication.
Ces grandes lignes montrent bien qu'il n'y a pas "une" rocaille, mais mille et une façons de la concevoir, dans ses dimensions, son relief comme sa végétation.
Les plantes de rocaille trouvent leur place dans le plus petit jardin citadin, sous forme d'un unique rocher accueillant quelques plantes grasses, ou d'une auge fleurie. De même, qui dit rocaille, ne dit pas forcément dénivelé impressionnant. Une succession de petites terrasses plus ou moins planes, de légères ondulations du terrain s'intègrent souvent mieux dans le jardin.
Quant à la végétation, elle peut être très influencée par la flore locale, selon l'endroit où la rocaille est implantée.
Vous trouverez réunis dans ce petit guide des conseils généraux pour vous aider dans la phase de conception de la rocaille ; type de sol, choix des pierres, différentes "versions" de présentation des plantes de rocaille ; ainsi qu'une sélection de végétaux pour la rocaille, des arbustes et conifères nains aux petites plantes bulbeuses, en passant par une multitude de petites plantes vivaces.

INTRODUCTION

Spectacle printanier dans la rocaille avec aubriètes, corbeille d'or, narcisses et doronics, entre autres.

Le rythme végétatif des plantes de montagne conduit à distinguer plusieurs catégories : plantes annuelles, bisannuelles et vivaces. Ces dernières constituent la grande majorité, survivant l'hiver par leur système racinaire souterrain, rhizome, bulbe, tubercule ou sous forme de coussinets de feuillage persistant. Il convient, par ailleurs, de distinguer les végétaux en fonction de leur degré de lignification :
- *plantes herbacées,* aux tissus non lignifiés ;
- *sous-arbrisseaux,* lignifiés seulement à la base des tiges ;
- *arbres et arbustes* nains aux tiges entièrement ligneuses.

A côté des plantes alpines annuelles, très peu utilisées dans les jardins, les espèces bisannuelles apparaissent surtout comme des plantes d'éboulis. Ces colonisatrices typiques des éboulis apprécient l'écoulement rapide des précipitations dans le sol. Parmi ces joyaux, la linaire des Alpes, *Linaria alpina,* avec ses hampes florales d'à peine 10 cm de hauteur, offre des pétales d'un violet lumineux, contrastant avec une lèvre inférieure orangée. Le pavot des Alpes, *Papaver burseri (P. alpinum),* est un autre habitant très décoratif des éboulis. Ses fleurs blanches, crèmes, jaunes à orangées, portées par des tiges dressées de 10-15 cm, ont l'aspect de la soie. Ce pavot alpin est souvent entraîné jusqu'en plaine avec les torrents qui se forment à la fonte des neiges. Aussi ne faut-il pas s'étonner de retrouver en plaine, dans le lit des cours d'eau asséchés en été, ces véritables plantes d'éboulis calcaires, que l'on rencontre en général entre 2000 et 2500 m ! Il en va souvent de même avec les plantes pérennes du grand groupe des plantes vivaces. Le saxifrage bleu, *Saxifraga caesia,* se développe normalement en coussinets denses dans les anfractuosités des rochers et sur les pentes caillouteuses entre 1500 et

3000 m. S'il trouve ailleurs des conditions d'environnement similaires, fentes humides de roches calcaires, en situation fraîche et abritée du soleil, sans la concurrence d'autres végétaux, il peut se développer en plaine au bord des chemins ou des cours d'eau à partir de 400 m.

La charmante anémone pulsatille, *Pulsatilla vulgaris,* aux pétales violets duveteux, en est un autre exemple. Elle se plaît aussi bien sur les versants rocheux que sur certaines landes ou dans des prairies naturelles à basse altitude.

Ces exemples montrent bien qu'il est tout à fait possible d'acclimater des plantes de montagne au charme si particulier, dans les rocailles de basse altitude. Il en va autrement des véritables plantes alpines, ou de haute altitude, dont les spécificités exigent souvent une serre alpine, et qui ne sont pas présentées ici. Sans de bonnes connaissances sur ces "plantes de l'extrême", avides de lumière, qui se développent en conditions bien particulières jusqu'à la lisière des glaciers les plus haut perchés, déployant leurs corolles délicates pendant les courtes périodes sans neige, mieux vaut se tourner vers la palette, déjà très vaste, des plantes plus "adaptables".

La grande majorité des plantes vivaces se plaît dans les sols calcaires comme non calcaires. On peut qualifier ces plantes, de rocaille ou de montagne, d'"indifférentes". Il convient cependant de bien distinguer les plantes qui poussent sur la roche-mère, c'est-à-dire schiste, gneiss, quartz et granit dans les Alpes centrales, et les colonisatrices des sols calcaires, des Alpes calcaires. Les plantes dites calcifuges, ou acidophiles, demandent un sol de Ph inférieur à 7, donc à tendance acide. Les plantes calcicoles au contraire se plaisent en sol de pH 7,5 environ (mesurable avec un pH-mètre). Ce problème n'en est cependant pas vraiment un dans

Prairie alpine dans les Dolomites.

les rocailles, où des mélanges terreux appropriés (présentés dans le chapitre suivant) et la configuration du terrain, permettent de répondre presque individuellement aux besoins des plantes de montagne.

Avant d'entreprendre la réalisation d'une rocaille, d'une auge ou serre alpine, il est toujours préférable d'avoir observé au moins une fois ces plantes en situation, en moyenne, ou mieux, haute montagne. Ce n'est souvent que "sur le terrain" que l'on réalise pleinement ce qu'est un éboulis, une moraine ou une prairie alpine. C'est bien sûr lors du printemps de la montagne, transformée en gigantesque jardin de paradis, que la vue est la plus belle, avec ces millions de fleurs toutes plus jolies les unes que les autres. Les fleurs rouge pourpré du *Rhododendron hirsutum* sont visible de loin. Entre les pins nains émergent les fleurs bleues de la clématite des Alpes, *Clematis alpina*. Les petites clochettes bleues de la *Campanula coche lariifolia* frémissent dans un vent léger au bord des sentiers en altitude. Sur un rocher, *Dryas octopetala* forme un véritable tapis de fleurs blanches. Chaque roche offre un tableau unique, meilleure source d'inspiration pour le jardin de rocaille. Il ne faut pas négliger non plus la découverte inattendue d'une belle

touffe d'edelweiss, *Leontopodium alpinum,* petite étoile laineuse dont les véritables petites fleurs sont entourées d'écailles brunes, formant de petites couronnes. On lui réserve souvent la meilleure place dans la rocaille. Mais la montagne abrite bien d'autres trésors, avec les fleurs jaunes et rouges des petites primevères, les curieuses inflorescences en boule de *Phyteuma orbicularis.* Le lis martagnon se dresse derrière un rocher, royal ; parmi un groupe de petites benoites, *Geum reptans,* éclatent les fleurs rouge vif du saxifrage à feuilles opposées, *Saxifraga oppositifolia,* tandis qu'un peu partout se retrouve l'inimitable bleu des gentianes.
Cette diversité éclatante des plantes alpines, fleurs fragiles ponctuant un gazon ras, entre des blocs rocheux présents depuis des millions d'années, offre toujours un tableau étonnant. Les silhouettes tourmentées des arbres exposés au soleil, au vent, à des conditions atmosphériques très changeantes, forment un écrin remarquable à ces floraisons.
Il est bon de s'imprégner de ces scènes de la nature dans toute leur beauté. Elles nous fournissent des références indispensables pour la conception de la rocaille, de façon à bien lui donner le caractère d'un coin de nature "maîtrisée", et non l'aspect d'un

Linaria alpina, la linaire des Alpes.

alignement rectiligne ou au contraire chaotique de pierres et plantes. Il ne s'agit pas non plus de laisser tout à fait libre cours à la nature, car cela reviendrait à l'abandon du jardin. Le but visé est d'acclimater dans nos régions de plaine des plantes d'altitude, de pays différents, le tout de façon très décorative. La nature demeure donc la meilleure conseillère pour l'élaboration de ce coin de jardin.
Les rocailles et autres utilisations au jardin des plantes alpines, existent depuis le dix-neuvième siècle. Cette passion du jardinage et des plantes de rocaille en particulier, qui trouve de nombreux adeptes parmi les amateurs de nature, connaît un intérêt croissant à l'est comme à l'ouest, au nord comme au sud. Dès le début, les plus intéressés furent Anglais, Écossais et Américains. Avec patience et passion,

Papaver rhaeticum,
un petit pavot.

mais aussi avec des connaissances approfondies sur l'origine et les exigences de ces plantes, ils ont cultivé ces plantes, notamment de superbes spécimens dans des auges ou éviers de pierre. Leurs efforts furent récompensés par la reconnaissance officielle d'une société d'amateurs de plantes alpines, comme l'"Alpine Garden Society" ou le "Scottish Rock Garden Club". On peut recommander en France la Société des Amateurs de Jardins Alpins (SAJA), 43 rue Buffon, 75005 Paris, qui publie un bulletin trimestriel et organise chaque année une"Foire aux plantules".

PROJET

Avant de se lancer dans la réalisation de la rocaille, il faut réfléchir aux différentes "versions" que comprend ce terme, et faire un choix en fonction des possibilités offertes par le jardin. Si l'espace ne permet pas d'envisager une véritable rocaille, on peut encore choisir entre un massif en gradins successifs, un muret ou une auge fleurie.

LA ROCAILLE NATURELLE

Elle apparaît bien sûr comme la meilleure solution pour les plantes de montagne. Il s'agit de recréer, dans les limites du terrain, des conditions proches de l'environnement naturel, avec un arrière-plan et des plantations environnantes appropriées. L'emplacement doit avoir une exposition bien ensoleillée, au moins est ou sud-est, car les plantes alpines demandent une forte luminosité. Bien exposée, la rocaille peut être implantée même sur une très petite surface. Du fait de son exiguité, il est alors indispensable d'utiliser le même type de roche pour le relief et les allées, afin de préserver la cohérence de l'ensemble. La hauteur des plantes ne doit pas dépasser 30 cm environ, à

l'exception des végétaux constituant l'arrière-plan.
Il faut, par ailleurs, adapter les dimensions et reliefs de la rocaille à l'environnement du jardin. Le bloc erratique isolé fait exception à cette règle car sa stature est assez imposante pour suggérer une scène authentique, sans "écraser" les plantations environnantes.
L'arrière-plan d'une rocaille véritablement alpine sera essentiellement composée de pins de montagne, en général le pin nain *Pinus mugo ssp. mugo,* conifère nain plus large que haut (hauteur 2 m environ). Respectez un espacement d'au moins trois mètres entre les petits arbres, de façon à pouvoir y intercaler des plantes vivaces.

MURS DE PIERRES SÈCHES, MASSIFS EN GRADINS

Sur les petits terrains, limités de toutes parts par des constructions, murs et autres, il n'est guère concevable d'implanter une rocaille naturelle. Il est cependant possible de tirer parti de ces surfaces rectilignes, murs, escaliers, pour créer des pentes douces et y planter différentes petites scènes de rocaille dont la diversité peut avoir beaucoup de charme. La palette des plantes de rocaille ne comprend en effet pas uniquement des espèces de lumière, mais aussi des plantes vivaces pour l'ombre et la mi-ombre.

***Pulsatilla vulgaris,** l'anémone pulsatille.*

AUGES ET BALCONS

Même le citadin qui ne dispose que d'un balcon a quelques possibilités de profiter de la beauté des plantes de montagne. Sans parler des auges et éviers de pierre naturelle, il existe maintenant un grand choix de bacs aussi décoratifs que fonctionnels pour les balcons et terrasses. Des matériaux comme béton, amiante-ciment, bois ou autres permettent aux amoureux de la nature toutes les plantations qu'ils désirent et l'on peut atteindre la perfection, même sur un balcon !

Scène typique de rocaille, avec Gentiana acaulis,
Morisia monanthos, Papaver, pulsatilles, différents œillets et saxifrages.
La surface du sol disparait sous les graviers.

LES OUTILS

C'est en général quand on n'a pas "sous la main" les outils voulus que l'on apprécie leur utilité pour mener à bien une tâche donnée. Un bon outillage, c'est-à-dire les outils nécessaires, et de bonne qualité, sont pourtant le préalable indispensable à la réussite et au plaisir que peut procurer un travail.
Tout jardinier amateur a, bien sûr, une **bêche.** Peu cependant savent que certains fabricants proposent jusqu'à quinze modèles différents selon l'usage qui en est fait ! Quel que soit le modèle de bêche choisi, sa poignée doit être en forme de D ou T pour en faciliter le maniement. La **fourche à bêcher** ou fourche-bêche est précieuse également pour déterrer les touffes de plantes vivaces et... bêcher.
Parmi les outils plus spécifiques pour la rocaille figurent une petite **bêche à manche** d'environ 1 m de longueur et des **rateaux** de différentes largeurs. La **griffe** à 4 dents est un autre outil précieux pour casser les grosses mottes et obtenir au ratissage final une surface finement grumeleuse. Il vous faut aussi un **grand tamis** à cadre et grille métalliques, d'environ 70 x 100 cm, ainsi qu'un **tamis à terreau,** rond, à cadre en bois de hêtre pour les travaux plus fins, notamment pour les semis. La **brouette** est également quasi indispensable. Viennent ensuite **fourche,** plusieurs dimensions de **binette, balai à gazon, serfouette, marteau ou masse, griffe à fleurs** (indispensable), **plantoir** entièrement métallique, **petite truelle** ou **transplantoir, bâtonnet** pour les repiquages, **sécateur, arrosoirs,** petit et grand, **gants** de jardinage, **étiquettes** pour les plantes et **feutre indélébile, pH-mètre** ou **kit** pour mesurer l'acidité du sol, **pulvérisateur** pour les traitements, **tuyau d'arrosage** et/ou **arroseur**. S'il ne s'agit que de

Quelques outils pour la rocaille.

neutre, qualifiées d'indifférentes. Pour établir en sol calcaire un massif de **plantes acidophiles** originaires des massifs anciens, prévoyez un apport, sur au moins 30-40 cm d'épaisseur, d'un mélange composé d'1/4 terre humifère, 1/2 tourbe brune et 1/4 sable silicieux. Il faut, par ailleurs, surélever légèrement ce type de massif afin que l'eau calcaire des plantations voisines ne vienne pas s'y écouler. Sur un sol limoneux ou fortement argileux, augmentez la proportion de sable.

LES RÉSERVES DE TERRE

Pour la construction, l'entretien et l'aménagement de la rocaille au fil des années, il est nécessaire de disposer en permanence d'une certaine quantité des éléments entrant dans la composition des mélanges terreux, de façon à pouvoir répondre au mieux aux besoins de ces petites plantes.
Terre et compost doivent être entreposés de préférence à l'ombre, tandis que l'exposition importe peu pour sable, galets, graviers, pierres et tourbe.
Les quantité dépendent bien sûr de la taille de la rocaille et, aspect tout aussi important, de la nature du sol du jardin. S'il s'agit d'un sol très sableux, vous utiliserez bien sûr peu de sable, mais beaucoup de terre humifère ou de terreau de gazon. Pour un sol argileux lourd, comptez par m^2 de sol une brouettée de sable grossier et une de gravier de 2 à 8 mm de calibre pour améliorer le draînage en profondeur.
Les travaux de terrassement demandant parfois un grand volume de terre, procurez-vous avant les travaux une quantité suffisante de terre végétale. Quand le relief est important, vous pouvez utiliser de la terre de remblais, à condition de la recouvrir d'une couche d'au moins 40 cm de bonne terre végétale.
Compost : C'est un matériau indispensable aux plantes de rocaille. Il doit être parfaitement décomposé, âgé d'environ 3 ans. Il doit être dépourvu de produits de traitement et d'engrais, de racines ou graines de mauvaises herbes. On peut également élaborer en 2-3 ans un compost à partir de la décomposition de plaques de gazon en superposant des couches de gazon (terre en haut, gazon vers le bas).
Terreau de feuilles : C'est un excellent substrat, notamment pour les petites violettes.
Terre de bruyère : Il s'agit ici des résidus décomposés de bruyères, morceaux de racines, mousses et graminées. On obtient après décomposition un terreau som-

bre, utilisé dans la préparation des mélanges pour des plantes dites "de terre de bruyère" comme rhododendron et daphné notamment.

Tourbe : Elle est indispensable car ses utilisations sont multiples au jardin. Elle permet notamment d'augmenter la capacité de rétention en eau du sol et d'alléger les sols lourds.

Sable : Le sable est un autre élément essentiel pour la culture des plantes alpines. Le **sable de rivière** augmente la porosité et donc la perméabilité du sol. Utilisez pour les plantes calcifuges (acidophiles) un sable siliceux, non calcaire. Il est, par ailleurs, préférable d'utiliser du sable grossier plutôt que du sable fin.

LES PIERRES DE LA ROCAILLE

Pour qui fréquente la haute montagne et s'aventure sur les sentiers tranquilles qui approchent les glaciers, les exemples pour la disposition des pierres de la rocaille sont nombreux. Tant que la surface à aménager en rocaille est petite, on peut se contenter de pierres rapportées de vacances en montagne et de quelques beaux exemplaires isolés (éclats de rochers) qui semblent bien convenir à la réalisation d'une petite scène. Il en va de même pour les jardinières et auges fleuries que l'on peut transformer en véritables tableaux de haute montagne grâce à quelques galets plats ramassés dans le lit d'une rivière et de belles racines ou morceaux de bois mort.

Au-delà d'une certaine taille et pour obtenir dans une rocaille un effet le plus naturel possible, une certaine cohérence est nécessaire, avec l'utilisation d'un matériau unique. Lorsqu'on peut disposer de pierres calcaires en grandes quantités, tuf ou meulière par exemple, on peut réserver un petit coin à des roches éruptives pour intégrer à la rocaille quelques plantes acidophiles.

Pour les plantes calcicoles, le tuf est sans aucun doute la roche la plus appropriée. C'est une pierre très poreuse en surface, qui facilite donc l'implantation des espèces se développant dans les creux et fissures, comme les saxifrages, campanules, hépatiques, androsaces et bien d'autres qui s'étalent rapidement sur ces pierres, sans apport de terre. Au printemps, ces groupes de rochers sont couverts des floraisons généreuses de ces plantes de montagne. Sur les roches calcaires plus dures, comme celles qui constituent les Alpes calcaires, on uti-

lise les fissures et anfractuosités comme poches de plantation.
Dans d'autres régions, ce sont les roches d'origine éruptive que l'on peut se procurer le plus facilement. Leur inconvénient, par rapport à la relative légèreté du tuf, est le poids de ces pierres surtout lorsque, pour des raisons esthétiques, on se laisse tenter par quelques gros blocs !
Les roches granitiques, celles en plaque notamment, permettent la réalisation de belles scènes de rochers.
Le grès est un autre type de roche utilisable, ainsi que les roches basaltiques et les schistes.
Choisissez pour la construction des murets fleuris et escaliers le même type de roche que celui utilisé pour dessiner les allées et le bord de la pièce d'eau, le cas échéant.
Avant de choisir les pierres une à une, il est indispensable d'établir un plan de la rocaille, figurant notamment l'agencement des différentes parties qui la composent.
Il faut des blocs de toutes tailles. Les plus gros ont le plus d'impact visuel et dessinent, dans

En haut : tuf, calcaire d'origine sédimentaire.
Au milieu : quartzite, roche métamorphique.
En bas : gneiss, roche métamorphique.

la mesure où ils ne sont pas isolés, les grandes lignes du massif. Choisissez de belles pierres qui, une fois en place pourront donner l'impression qu'elles ont toujours été là.
Il est tout à fait déconseillé de prévoir sur un terrain de taille moyenne un relief rocheux important.
Le relief créé doit, en effet, pour être harmonieux, être "crédible" à l'échelle du terrain consacré à la rocaille. La meilleure façon d'apprendre reste encore la pratique, même si, au début, les erreurs sont fréquentes. Mais la conception et l'entretien de la rocaille vous rapprochent de l'observation de la nature et vous permettent peu à peu de mieux maîtriser l'aménagement du terrain, de mieux répondre aux besoins des plantes alpines.

LA ROCAILLE NATURELLE

LA CONCEPTION

Tout jardinier dispose en général d'un plan assez précis de son jardin. Faites-en si possible plusieurs copies, de façon à pouvoir faire apparaître plusieurs projets différents sur le papier. Outre la surface destinée à la rocaille, il faut représenter (si elles existent déjà) ou prévoir les autres parties du jardin pour que l'ensemble soit agréable à l'œil. Figurez bien tous les coins du jardin avec leurs particularités, la plus petite pente, les versants à l'ombre, la zone toujours humide. C'est alors que vous verrez le jardin d'un tout autre œil. Au stade du projet, on se préoccupe en effet uniquement de voir où pourrait fleurir et prospérer tel type de plante, et comment le terrain s'en trouverait transformé et embelli. Si vous allez faire un tour dans le jardin après avoir "cogité" ces plans, il est tout à fait possible que vous ne le trouviez plus à votre goût, car vous êtes déjà plongé dans les travaux et embellissements à venir.
Mais comment implanter la rocaille, lieu d'accueil des plantes de montagne, au milieu de la vieille pelouse, en terrain plat ? Par où commencer les travaux ?
Dessinez d'abord sur le plan les contours que vous voulez donner à la rocaille. Il est plus facile de choisir l'emplacement idéal quand le sol est bien humide car on voit mieux les différences.
Une bande de terrain dont l'exposition s'étend du nord-est au sud-ouest permet un bon ensoleillement du matin au soir.

En sol très sec, par exemple sableux, il est préférable d'orienter la rocaille de sorte qu'elle ne reçoive que le soleil matinal. Les plantes y supporteront mieux les périodes de forte chaleur estivale.

UN TERRAIN APPROPRIÉ

Pour ce qui est de la nature du terrain, on peut prendre en exemple deux cas extrêmes : sol argileux lourd et sol de lande sèche. En période pluvieuse, le sol argileux est un véritable réservoir d'eau ; la terre se colmate car tous ses pores sont remplis d'eau. Des apports de sable de rivière sont indispensables pour permettre un réchauffement plus rapide du sol au printemps et surtout améliorer le draînage. Quand le sol est très lourd, on peut y incorporer jusque moitié de sable grossier. L'argile présente cependant l'avantage de bien retenir l'eau. La terre argileuse peut, de ce fait, entrer en petites quantités dans la préparation d'un mélange de culture pour les plantes qui recherchent l'humidité, essentiellement les primevères des montagnes européennes et asiatiques.

Dans un sol très sableux, l'eau s'écoule très rapidement en profondeur. Cette forte porosité du sol peut se traduire par un dessèchement des plantes alpines en période de fort ensoleillement estival, car l'humidité atmosphérique est alors également à son minimum.

Une rocaille d'aspect très naturel.

Pour remédier à cette perméabilité excessive et permettre au sol de retenir l'eau nécessaire à la croissance des plantes, on apporte aux sols sableux des quantités importantes de terre argileuse, tourbe fibreuse et mousse de sphaigne, materiaux à forte capacité de rétention d'eau. Mieux encore, on peut poser en profondeur un film plastique pour mieux retenir l'eau. Ce procédé peut être complété par la réalisation de petites pièces d'eau, ce qui assure, outre les apports d'eau nécessaires, une bonne humidité de l'air.

Les mêmes conseils sont valables pour les sols secs de lande. Il faut des apports conséquents de bonne terre humifère et compost bien décomposé pour pouvoir implanter une belle rocaille sur ces terrains typiquement très secs.

Il convient par ailleurs de faire remarquer que les pierres de la rocaille ne se contentent pas d'un rôle décoratif, indispensable toutefois pour donner du caractère aux plantations. La plupart des roches ont également une fonction de rétention d'eau et d'ombrage très importante pour les plantes alpines, notamment pour les espèces qui colonisent les rochers.

Plan d'ensemble du jardin intégrant la future rocaille.

LA CONSTRUCTION DE LA ROCAILLE

Vous aurez, au préalable, réfléchi à l'aménagement, souvent à compléter ou à modifier, de l'arrière-plan de la rocaille orienté au nord, et souvent en limite du terrain. Repérez les contours de la rocaille par des piquets enfoncés dans le sol. Si l'emplacement était jusqu'ici engazonné, éliminez soigneusement le gazon en découpant des plaques que vous composterez.

Dans une **terre de jardin ordinaire,** le terrain dégagé est ensuite bêché sur une profondeur d'un fer de bêche. Eliminez autant que possible les racines des mauvaises herbes pour éviter par la suite qu'elles envahissent la rocaille avant que les plantes alpines ne soient bien implantées. Ensuite commencez à modeler le terrain en hauteur et en largeur, comme prévu sur le plan. Utilisez, pour créer le relief, de la terre végétale et non de la terre de remblais. Selon la nature de la terre rapportée, faites les amendements nécessaires : gravier pour une terre glaiseuse, sable grossier pour une terre argileuse (voir p. 26). Vous ne vous occuperez de la couche de plantation que lorsque les pierres auront été mises en place dans la rocaille. Faites toujours les "sommets" de la rocaille plus haut que prévu sur le plan. La terre amassée, poreuse et non tassée, sera en effet pressée et son volume dimi-

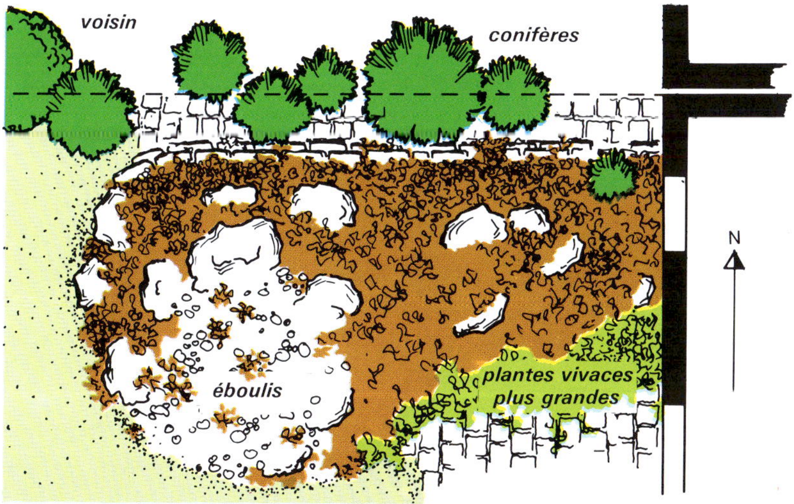

Schéma de disposition et de plantation pour l'établissement d'une rocaille naturelle.

nuera lorsque vous placerez blocs et pierres. Qui plus est, il est toujours plus facile de déplacer la terre en trop vers un autre monticule que de rapporter de la terre ultérieurement. (Ne craignez pas d'aller trop "haut", il est toujours temps de corriger le modelé par la suite).

Pour créer un véritable "paysage" dynamique, offrant ainsi de nombreuses possibilités de plantation, le modelé du terrain doit être composé de plusieurs buttes.

Selon la taille de la rocaille envisagée, prévoyez d'y réaliser des allées (voir p. 28) avec le même type de roche que les pierres de la rocaille, ou bien de mener simplement à un ou deux points d'intérêts particuliers. Cet aménagement est difficile à prévoir sur le plan car les pierres transforment souvent totalement la scène prévue par leur impact visuel, dû à leur taille et à leur caractère !
L'étape suivante consiste donc à trier les plus belles pierres. Elles sont mises en place les premières, aux points les plus élevés de la rocaille, ou bien en commençant vers le milieu de la pente pour remonter vers le haut. Il est indispensable de commencer par placer les plus gros blocs. Pour les amener à l'emplacement voulu, faites-les rouler sur des planches.
Choisissez avec soin l'emplacement exact de ces gros blocs qui

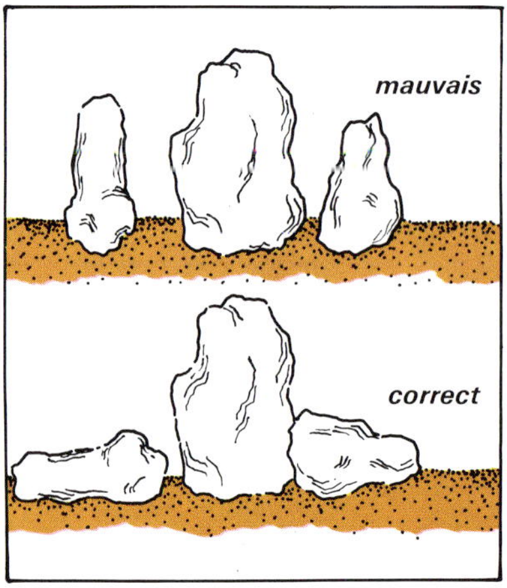

Disposition naturelle des pierres.

tiennent la vedette dans la rocaille et lui donnent son caractère. Il faut ensuite leur trouver des compléments, un peu plus petits, qui vont les souligner et les mettre en valeur. Lorsqu'on place côte à côte deux gros blocs, ils doivent pouvoir être considérés comme une seule unité, autour et à partir de laquelle s'est formé l'éboulis, comme dans la nature.
Lorsque les plus beaux blocs ont été placés en haut des buttes, rectifiez l'inclinaison sur la pente sud ou sud-est de façon à obtenir une déclivité de 15 à 30°. Une pente plus importante manquerait de naturel. Entre les points les plus hauts et les plus bas, créez des points d'intérêt supplémentaires avec des pierres disposées à différentes hauteurs, se succédant irrégulièrement jusqu'au bas de la rocaille. Les limites de celle-ci ne sont en aucune façon nettes et homogènes comme le pourtour d'un massif fleuri. Elles sont dessinées en fonction des groupes de rochers créés sur le relief, des formes de pierres inférieures et des touffes de plantes ou petits arbres en lisière, parfois préexistants.
Disposez les pierres moyennes et petites en respectant un certain espacement autour des blocs, comme on peut l'observer dans la nature sur les pentes rocheuses. Considérée à ce stade, la rocaille est encore loin d'avoir l'aspect souhaité, mais ce sont les plantations qui vont la transformer !

LES PRÉALABLES A LA PLANTATION

Ce n'est qu'après la mise en place des pierres que l'on apporte en surface, sur une épaisseur d'environ 20 cm, le **mélange de plantation** standard, composé d'1/3 terre de jardin ou compost bien décomposé, 1/3 tourbe brune et 1/3 sable de rivière.
Cette dernière couche dessine le modelé final de la rocaille et dissimule la base de pierres, comme dans les scènes naturelles de rochers. Les différentes zones de plantation apparaissent alors plus clairement, le versant sud pour

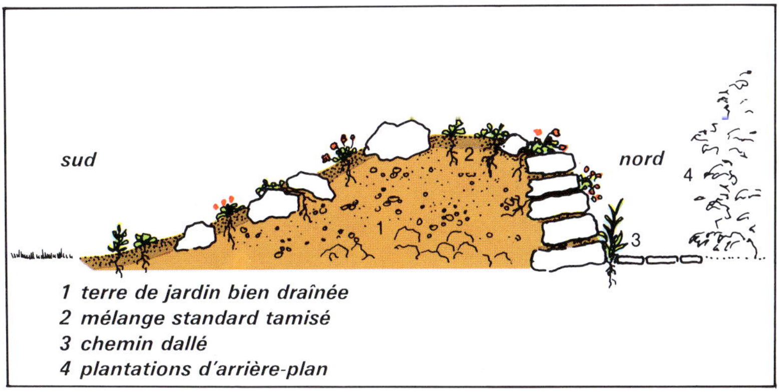

Conseils pour l'édification d'une rocaille naturelle

les espèces les plus avides de lumière, la face nord pour les petites fougères, *Ramonda, Haberlea* et saxifrages amateurs de fraîcheur, l'est étant surtout réservé aux nombreux saxifrages à floraison printanière, directement plantés dans les fissures des rochers.

Pour aménager ces "fissures de plantation", creusez à la perceuse des trous légèrement en biais, d'environ 10 cm de profondeur, sur la face est des pierres. Mettez-y un peu de terre végétale et plantez les petits saxifrages.

Dès les premiers jours du printemps et souvent même avant, ces petits coussinets de quelques centimètres de diamètre se couvrent de fleurs blanches, roses, rouges, jaunes ou lilas. Ils composent un tableau ravissant, sans doute l'une des plus belles scènes que puisse offrir la rocaille.

Si les pierres de plantation sont en roche dure, et non en tuffeau ou autre roche calcaire, utilisez alors pour les plantations un mélange composé d'1/2 sable grossier, 1/4 tourbe brune et 1/4 compost bien décomposé. Sur le versant sud de la rocaille, en général face "avant" pour

Creusement d'un emplacement pour saxifrages.

Éboulis dans les Dolomites.

Edraianthus, floraison en clochettes bleu foncé

l'observateur, reconstituez une zone d'éboulis. Sa surface sera, évidemment fonction de la taille de la rocaille. Lorsque l'espace le permet, on peut recréer plusieurs pentes d'éboulis. A ces endroits étalez, en surface de la couche de plantation, une couche supplémentaire d'environ 10 cm d'épaisseur de gravier de rivière de 8-10 mm de calibre. Pour leur garder un aspect naturel, ne les mélangez pas, ne les lissez pas. On obtient ainsi un terrain convenant à merveille au petit pavot, *Papaver alpinum,* à la petite giroflée *Matthiola* var. *vallesiaca,* à la superbe *Towsendia* aux fleurs de marguerite, à la linaire des Alpes, *Linaria alpina,* comme au *Thlaspi.* De petites campanules, comme *Campanula pusilla,* et bien d'autres, se plairont sur ces pentes caillouteuses.

ALLÉES ET ESCALIERS

Tracez les passages déjà mentionnés à travers la rocaille, sous forme de dalles ou pierres posées à plat (en escalier dans la pente), un peu en pas japonais. Recherchez un tracé le plus discret possible. Dans les petites rocailles, ne prévoyez une allée qui monte qu'à partir d'une pente de 10 %, dans la mesure où il n'existe pas déjà une pente naturelle plus importante.

Dans une rocaille qui se veut aussi naturelle que possible, un escalier architectural classique apparaît comme un véritable corps étranger.

C'est pourquoi il faut prévoir, entre et sur les bords des "mar-

ches" de ce petit sentier en escalier, des espaces pour de petites plantes tapissantes ou en coussinets dont le développement brisc la rigidité des marches.
Les aubriètes colorées, dans les tons de bleu-violet à pourpre, habillent à merveille les premiers niveaux. Plantez à leurs côtés les variétés jaune vif de la corbeille d'or, *Alyssum saxatile.* C'est à hauteur moyenne que vous mettrez le mieux en valeur les teintes remarquables. Choisissez ici parmi les variétés de petits phlox, par exemple "white Delight", aux fleurs blanc pur, ou "Betty", d'un rose très lumineux, ou encore *Phlox douglasii* "Georg Arends" aux superbes fleurs rose lilas. Parmi les nombreuses variétés existantes, il faut également citer *P. subulata* "G.F. Wilson", à fleurs bleutées, qui ne dépasse pas 5 cm de hauteur. *Androsace sarmentosa* est

Un bel exemple de rocaille naturelle avec un petit chemin creux

une espèce à rosettes de feuilles soyeuses et petites ombrelles de fleurs rose vif rappelant les primevères, qui émet des stolons et constitue une excellente compagne pour les phlox. *Androsace sempervivoides* est peut-être plus belle encore, mais préfère être légèrement abritée du plein soleil. Elle atteint environ 8-10 cm de hauteur, est plus délicate d'aspect et porte des fleurs rouge rosé.
Un tel escalier de pierre ne doit, bien sûr, pas être rectiligne mais mener le promeneur, tantôt à droite tantôt à gauche, vers les grands groupes de pierres, de façon que l'ensemble évoque une petite gorge de montagne.

CONSEILS DE PLANTATION

Les plus grosses pierres de la rocaille offrent des possibilités de plantations remarquées, par exemple avec le petit œillet *Dianthus alpinus,* qui forme des coussinets de feuilles graminiformes et porte sur des hampes courtes de grandes fleurs blanches à rose pâle. Plantez cette espèce montagnarde typique de préférence sur le versant est, dans un mélange à la fois humifère et caillouteux. Disposez de petites pierres en tuf entre les touffes. Quand celles-ci seront bien développées, cette zone donnera bien l'impression d'une scène d'altitude.

LE VERSANT SUD

Sur les rochers les plus élevés de la rocaille, préparez à la perceuse des trous suffisants pour y planter, côté sud et à mi-hauteur environ, le roi des saxifrages, *Saxifraga longifolia.* Il pousse dans les Pyrénées jusque vers 2400 m d'altitude. Ses rosettes de feuilles raides, gris-vert, sont déjà très décoratives. Au bout de quelques années se développe sur une tige de 50-70 cm de hauteur, couverte de poils glanduleux, une superbe inflorescence. Cette ravissante espèce meurt malheureusement après la floraison. Comme elle ne forme pas de petites rosettes banales, il faut la multiplier par semis.
Sur le plateau rocheux supérieur de la rocaille, même exposé plein sud, vous pouvez planter *Aspe-*

***Saxifraga longifolia,* le "roi" des saxifrages.**

rula arcadiensis, une petite plante de haute montagne originaire de Grèce. Ses coussinets denses aux petites feuilles gris argenté, velues, aux fleurs roses longuement tubulées, ne dépassent pas 10 cm de hauteur. Recherchez pour ces colonisatrices des rochers très sensibles à l'humidité stagnante, un emplacement parfaitement draîné, par exemple dans des graviers calcaires entre deux blocs ou directement dans une fissure ensolleillée.

Toujours plein sud, ne craignant ni la sécheresse, ni la chaleur, dans un éboulis calcaire reconstitué, se plaira l'*Acantholimon,* elle aussi originaire de Grèce, qui forme des coussinets de 10-15 cm de hauteur, piquants, à fleurs blanches ou roses. Vous pouvez lui associer une petite astragale *(Astragalus)* originaire d'Europe, d'Asie ou d'Amérique, qui se plaît dans les mêmes conditions. L'espèce *A. angustifolius* est particulièrement décorative, en touffes de 10-15 cm de hauteur, à petites feuilles de teinte gris cendre et petites fleurs blanc crème. Plantée dans des conditions favorables, cette plante de rocaille typique s'étoffe avec l'âge et devient remarquablement belle.

Mais la rocaille offre encore bien d'autres emplacements, la plupart orientés au sud. Pensez à utiliser l'espèce naine d'aster des Alpes, *Aster alpinus,* aux fleurs bleu violet à cœur jaune vif. Il forme une scène joliment contrastée avec la petite épervière à fleurs jaune d'or *Hieracium villosum,* d'environ 25 cm de hauteur. La plante entière est couverte d'un épais duvet de poils laineux blancs, entre lesquels la rosée matinale brille comme de minuscules diamants dans les premiers rayons de soleil.

***Asperula arcadiensis,* une petite aspérule.**

Astragalus angustifolius.

Recherchez dans toute la palette des orpins *(Sedum)* les espèces et variétés qui vous semblent les plus belles. On utilise surtout dans la rocaille les espèces vivaces qui donnent vie aux emplacements les plus arides. Évitez cependant de planter une espèce très vigoureuse comme le poivre de muraille, *Sedum acre,* dont les petites fleurs jaunes sont certes charmantes, mais dont les racines envahissent tous les interstices, aux risque d'étouffer les plantes alpines déjà en place ! Parmi les très nombreuses espèces et variétés d'orpin (voir "plantes vivaces", p. 59), *Sedum alpestre* et *S. reflexum* peuvent être recommandées. Autres plantes de rocaille au sens propre, les joubarbes *(Sempervivum),* plantes vivaces formant des rosettes de feuilles charnues, doivent trouver une place de choix dans la rocaille. C'est côté sud, dans la partie supérieure de la rocaille, là où l'eau s'écoule rapidement dans le sol, que se plaît l'*Anacyclus depressus,* ravissante petite plante vivace originaire du Maroc. Ses feuilles sont gris argenté et ses fleurs presque sessiles sont de petites marguerites blanches à cœur jaune, teintées de rouge à la face inférieure. Elle est relativement éphémère, mais se ressème spontanément, sans pour autant devenir envahissante. L'*Onosma* est un genre originaire du bassin méditerranéen et d'Asie centrale qui se plaît dans les mêmes conditions. On peut citer par exemple *Onosma albo rosea,* qui atteint environ 20 cm de hauteur, avec des feuilles grises, duveteuses et des fleurs blanches, veinées de rose. Il existe bien d'autres espèces originaires d'Afrique, toutes avides de soleil, intéressantes pour la rocaille. Choisissez-leur une situation très ensoleillée, des conditions très draînantes, pour que ces plantes donnent le meilleur d'elles-mêmes. Il y a de très jolies petites immortelles, comme *Helichrysum milfordiae,* en petites touffes denses à poils laineux argentés, de 3-5 cm de hauteur. Celles-ci portent sur des tiges très courtes, presque sessiles, d'étonnantes fleurs blanc argenté, jusqu'à plus de 100 par plante

Anacyclus pyrethrum var. depressus, à petites fleurs de marguerites.

vieilles touffes. Ce sont ces "raretés" qui feront tout le charme de votre rocaille. *Convolvulus boissieri (C. nitidus)* est une plante rare, originaire d'Espagne, qui mérite d'être citée pour ses délicates corolles rose pâle, portées par des tiges rampantes, d'un vert argenté. Elle se plaît en plein soleil, en terrain sec, de préférence sableux et caillouteux, et demande une protection hivernale dans les régions froides.

N'oubliez pas, lors de la construction de la rocaille, d'aménager de petites terrasses ensoleillées que vous pourrez souligner de quelques belles pierres, et qui accueilleront les plantes de terrain aride.

Il y a bien d'autre genres et familles à mentionner pour ces versants ensoleillés, comme par exemple les véroniques, *Veronica,* plantes vivaces herbacées ou sous-arbrisseaux. La plus précoce est *Veronica caespitosa,* originaire de Grèce et Asie Mineure. Ses touffes rases de 5-7 cm portent de petites fleurs d'un bleu lumineux. Ce genre compte plus de 150 espèces ! Les plus intéressantes pour la rocaille sont les espèces naines, formant des coussinets ou tapis. Réservez-leur un emplacement chaud et ensoleillé

Convolvulus boissieri (C. nitidus).

sur une pente d'éboulis ou contre la face sud d'une pierre. La saponaire, également originaire des régions méditerranéennes, a les mêmes exigences, c'est-à-dire des conditions ensoleillées et bien draînées. Ces plantes herbacées, à floraison en général rouge rosé, sont particulièrement décoratives lorsqu'elles déploient leurs fleurs lumineuses en tapis partant à l'assaut des rochers. Toutes se tournent vers le soleil printanier. Les grands classiques de la rocaille, comme les petites achillées *(Achillea)* ne dépassant pas 30 cm, les petites espèces de géranium vivaces, ou encore *Dryas octopetala,* les petits millepertuis *(Hypericum),* les thlaspi *(Iberis)* et la grande majorité des petites plantes bulbeuses, toutes demandent un emplacement sur le versant ensoleillé de la rocaille.

Hypericum polyphyllum,
petite espèce de millepertuis.

Plantez dans la partie inférieure de la rocaille les plantes vivaces un peu plus grandes, tandis que vous réserverez les hauteurs aux espèces typiques de rochers et d'éboulis.

Le groupe des saxifrages offre pour les rochers et éboulis une diversité quasi inépuisable de jolies plantes. On en compte plus de 300 espèces sur le globe, dans les montagnes d'Europe et d'Asie, dans des sols humifères frais et ombragés, dans les fissures de rochers calcaires ou dans les massifs de roches éruptives, au bord des glaciers et jusque dans les régions arctiques, au bord des ruisselets et parfois en eau peu profonde, à proximité d'une source. Ces exemples montrent l'intérêt de prévoir dans la rocaille des emplacements aux conditions très différentes, et les conséquences qui découlent du choix du type de roche et des conditions climatiques locales.
En résumé, pour un jardinier peu expérimenté, mieux vaut commencer par choisir dans la gamme courante des jardineries et pépinières les espèces auxquelles on est en mesure d'offrir des conditions optimales en fonction de leurs besoins.

Les œillets

De nombreux petits œillets botaniques se plaisent sur les hauteurs ensoleillées de la rocaille, formant de jolis coussinets de feuillage et des fleurs parfois sessiles, qui donnent à la scène une atmosphère de haute altitude.
Parmi les espèces peu courantes, *Dianthus freynii* est originaire de l'Herzégovine, *D. microlepis* var. *musalae* de Bulgarie, *D. simulans* de Macédoine et *D. subacaulis* du sud-ouest du massif alpin. Ils forment des coussinets ne dépassant pas quelques centimètres de hauteur. Pour les pentes d'éboulis non calcaires, pas trop sèches, retenez l'œillet des glaciers, *Dianthus glacialis,* originaire des Carpates, en coussinets de feuilles fines, à fleurs rose vif portées par des tiges d'environ 5 cm de longueur.
Plantez toutes ces espèces naines

Dianthus alpinus,
œillet des Alpes.

au milieu de petites pierres ou, en procédant inversement, comblez les vides entre les touffes avec des pierres pour obtenir une scène aussi naturelle que possible. Choisissez parmi les nombreuses espèces, d'œillet toujours, quelques belles variétés un peu plus hautes pour le bas de la rocaille et le bord des allées. La palette des teintes s'étend du blanc au rouge en passant par toutes les nuances de rose. Passez en revue les variétés horticoles de *Dianthus gratianopolitanus,* de l'œillet mignardise, *D. plumarius,* ou optez pour *D. carthusianorum,* espèce d'Europe centrale à tige de 10 à 25 cm de longueur portant jusque 6 fleurs sessiles rouge pourprées. Elle est parfaitement mise en valeur devant un fond sombre de pins de montagne, sur sol calcaire.

Des orchidées dans la rocaille ?

Il ne s'agit pas ici des petits *Orchis,* de plus en plus rares dans les prairies de nos régions, mais d'une orchidée originaire de Chine et du Japon, *Bletilla striata.* Elle est assez facile à cultiver en sol bien draîné, pas trop sec. Ses fleurs d'un rose carminé lumineux, à lamelle rayé de blanc, ressemblent à de petits *Cattleya.* Après la floraison, étalez un peu de fumier ou compost bien décomposé autour de la plante. Elle vous en sera reconnaissante l'été suivant par une floraison plus généreuse encore. Protégez les touffes en hiver par des branchages de conifères. Les

Bletilla striata,
une orchidée japonaise.

Cypripedium et *Pleione* sont d'autres orchidées très recherchées.

L'edelweiss

Comment imaginer une rocaille sans cette petite reine des plantes alpines, célébrée dans poèmes et chansons, véritable symbole des Alpes, *Leontopodium alpinum,* maintenant protégée dans de nombreuses régions alpines ?

Leontopodium alpinum, edelweiss.

Dans la rocaille, elle doit être perchée en hauteur, sur une paroi raide, en sol pauvre, peu humifère, comme dans son habitat naturel.
Vous pouvez ainsi planter l'edelweiss directement dans un coin d'éboulis calcaire, ou encore "coincée" entre deux gros blocs pour mieux figurer une véritable fissure.

Les gentianes et leurs compagnes

Tous les amateurs de montagne connaissent les fleurs bleues lumineuses de la gentiane printanière, *Gentiana verna,* ou celles bleu foncé des coussinets plats de la gentiane acaule, *G. acaulis.* Sur les alpages, dans les prairies humides d'altitude, elles illuminent le printemps.
Il faut à ce groupe qui compte quelques-unes des plus belles plantes alpines un terrain glaiseux, humide. Enrichissez à cet endroit le mélange de plantation en terre argileuse et tourbe brune. Choisissez-leur un emplacement relativement plat, légèrement abrité du plein soleil, par exemple aux côtés d'un pin assez

Gentiana acaulis 'Coelestina', gentiane acaule.

Primula farinosa, primevère farineuse.

développé qui leur prodiguera l'ombre nécessaire.
Plantez, à proximité immédiate des gentianes, la primevère farineuse, *Primula farinosa.* Elle atteint environ 20 cm de hauteur. On la reconnaît à ses feuilles dentées, d'une texture blanchâtre, farineuse à la face inférieure, et à ses jolies ombelles portant de nombreuses fleurs rose lilas à gorge jaune. *Daphne cneorum* est un petit arbrisseau d'à peine 20 cm de hauteur, qui appartient dans la nature à la même association végétale. Ses ravissantes ombelles de fleurs rose carminé, très parfumées, se détachant sur les petites feuilles vert foncé, offrent avec le bleu des gentianes une harmonie éclatante. Tout comme la primevère farineuse et les gentianes, grandes et petites, cet arbrisseau apprécie une certaine humidité.
Un coin ombragé, par exemple au pied d'un bloc imposant, juste à côté d'un pin nain, *Pinus mugo* ssp. *pumilio,* est idéal pour la célèbre rose de Noël, *Helleborus niger* ssp. *macranthus.* Elle montre dès novembre ses grands fleurs en coupe, blanches parmi le feuillage sombre et persistant. Les hellébores forment rapidement de belles touffes en sol frais et humifère. Plantez à proximité les petites hépatiques, elles aussi à feuillage persistant, qui donnent naissance dès les premiers jours du printemps à des fleurs bleues, roses ou blanches selon la variété. Associez-leur, pour compléter ce tableau annonciateur du printemps, des perce-neige et des primevères précoces, comme *Primula vulgaris (P. acaulis), P. clarkei, P. hirsuta (P. rubra)* pour n'en citer que quelques-unes.
L'espèce *Helleborus atrorubens,* originaire du sud-est de l'Europe, convient mieux aux plus grands groupes de plantation. Ses belles fleurs rose pourpré, à étamines jaunes, se succèdent de janvier à mars-avril.

Adonides et pulsatilles

Adonis amurensis, originaire de Mandchourie, est l'une des premières espèces à fleurir en fin

Adonis vernalis, adonide.

d'hiver. Ses boutons floraux jaune-vert qui apparaissent avant les feuilles sont très décoratifs dans la rocaille. Ses grandes fleurs orientées vers le haut, jusque 40 par touffe chez les plantes âgées, sont autant de petits soleils au sortir de l'hiver. Les feuilles d'un vert tendre, finement découpées, disparaissent en juin. *Adonis vernalis,* une autre espèce d'adonide originaire de Sibérie, fleurit en avril. Avec ses grandes fleurs jaunes d'or se détachant au-dessus des feuilles finement divisées, c'est l'une des plus belles vivaces à floraison printanière. Plantez-la à un endroit où elle ne manquera pas d'être remarquée. Elle n'aime pas être déplacée.
Les anémones pulsatilles ont aussi leur rôle à jouer dans cette ronde printanière. Elles attirent l'attention rien qu'en déployant leurs boutons floraux couverts d'un fin duvet blanc. Leurs fleurs en coupe évasée, dans les tons de jaune soufre, blanc, rose, violet à rouge pourpré, sont une pure merveille, surtout quand le soleil donne des reflets argentés au duvet soyeux des tiges et bractées. Leurs fruits légers, plumeux en début d'été, sont très décoratifs également.
Il serait vraiment dommage de méconnaître tous ces joyaux que peut abriter une rocaille et qui procurent bien plus qu'un instant de bonheur. Ils valent bien la peine de créer dans tout jardin une scène de rocaille !

Les campanules

Encore un genre qui compte plus de 300 espèces, originaires d'Europe et d'Asie. Leurs fleurs offrent tous les tons, du bleu le

Campanula portenschlagiana

plus pâle au violet le plus foncé. Il en existe également des variétés blanches.
Utilisez dans la rocaille des variétés naines, et pour commencer *Campanula cohleariifolia* (ou *C. pusilla)* qui ne dépasse guère 10 cm de hauteur et porte de ravissantes petites clochettes bleu clair dont l'aspect délicat ressort particulièrement bien devant un rocher aux contours aigus. Parmi les nombreuses espèces précieuses pour les rocailles, figurent la campanule des Carpates, *C. carpatica, C. portenschlagiana,* légèrement envahissante, *C. glomerata,* un peu plus grande, à fleurs violettes et *C. x pulloides,* un hybride à croissance très vigoureuse.

Cyclamen coum

La plupart des plantes alpines recherchent le soleil. Il y en a pourtant aussi qui préfèrent une exposition à mi-ombre ou même à l'ombre. C'est le cas des petits cyclamens botaniques, comme *Cyclamen coum,* qui déploie au début du printemps ses ravissantes fleurs blanches, roses ou rouges. C'est derrière une pierre ou à l'ombre légère des conifères qu'ils se plaisent le mieux. Les espèces qui ne fleurissent qu'en été ou automne préfèrent également la mi-ombre. C'est l'occasion de souligner l'importance des petits conifères dans la rocaille, pour donner du volume et apporter des coins d'ombre légère (voir page 53). Les pépinières et jardineries offrent un choix de plus en plus vaste de conifères dits nains. Assurez-vous cependant qu'il s'agit bien d'espèces ou de variétés naines et

Cyclamen coum

Gentiana lutea, gentiane jaune

Muret fleuri planté d'œillets, primevères, saxifrages et Sempervivum.

La patience est l'une des vertus premières du jardinier. Il faut souvent attendre plusieurs années pour qu'une graine évolue en plante fleurie. Ainsi il faut presque 8 ans à la grande gentiane jaune, *Gentiana lutea,* pour bien fleurir. Combien de fois ne réaménage-t-on pas un massif, quand ce n'est pas l'essentiel du jardin, parce que l'on a acquis de nouvelles connaisances et qu'il nous tarde de les mettre en pratique. Le jardinier ne connaît jamais l'ennui. Au contraire, c'est toujours l'état d'urgence. Il y a toujours et partout quelque chose à faire au jardin. Pour l'amateur de plantes enfin, toute promenade dans la nature ne correspond pas à une thérapie quelconque, mais est bien synonyme d'observation, découvertes et joies nouvelles.

LE MURET DE PIERRES SÈCHES

Dans certains jardins, il est utile de construire un muret de pierres sèches. Le mode de construction et le type de pierres utilisées, irrégulièrement ou non taillées, lui évite la rigueur architecturale classique d'un mur ordinaire. On évite autant que possible l'utilisation de mortier. Les espaces entre les pierres sont au contraire comblées avec un mélange de terre et mousse ou tourbe et font de ce mur, légèrement incliné vers l'arrière pour des raisons de stabilité, une véritable “mine” de poches de plantation pour les petites plantes de montagne. La surface quasi verticale du mur assure un bon draînage, tandis que la mousse de sphaigne permet de retenir l'humidité nécessaire aux plantes. Si vous ne disposez pas de mousse, utilisez de la terre argileuse enrichie en tourbe fibreuse.

Utilisez de préférence comme matériau des **pierres de taille,** aux différentes tailles de blocs ou de dalles. On construit le même mur à l'opposé de façon à ce que les deux côtés se soutiennent mutuellement. L'épaisseur du mur de pierres sèches, encore appelé muret fleuri, dépend de sa hauteur, car le mur est rétréci

Muret de pierres sèches, vu de face.

Muret de pierres sèches, en coupe.

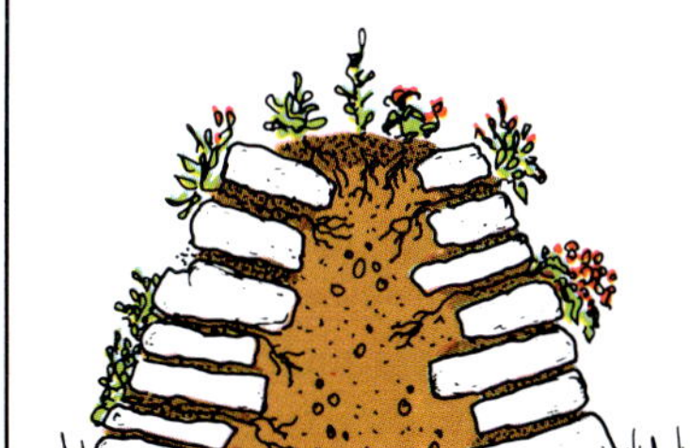

Double muret de pierres sèches, en coupe.

Muret fleuri et double muret, utilisés pour délimiter un espace.

Rocaille en terrasses successives, avec des floraisons printanières prédominantes d'aubriètes et corbeille d'or.

vers le haut du fait des inclinaisons inverses des deux côtés du mur. Une fondation en béton, comme pour les murs cimentés, est rarement nécessaire, ce type de muret ne dépassant guère 1 m de hauteur en règle générale. Les plus grosses pierres sont utilisées pour constituer la base du mur, posées à plat sur un épais lit de sable et copieusement mouillées. Il va de soi qu'il faut utiliser le même type de pierres pour tout le muret. Le choix de la roche est surtout fonction des disponibilités locales. Pour des raisons de coût, il faut, en général, se contenter de ce qu'offre la nature. On peut aussi se procurer dans les grandes surfaces vendant des matériaux de construction des

Schéma pour l'édification d'un massif en terrasses.

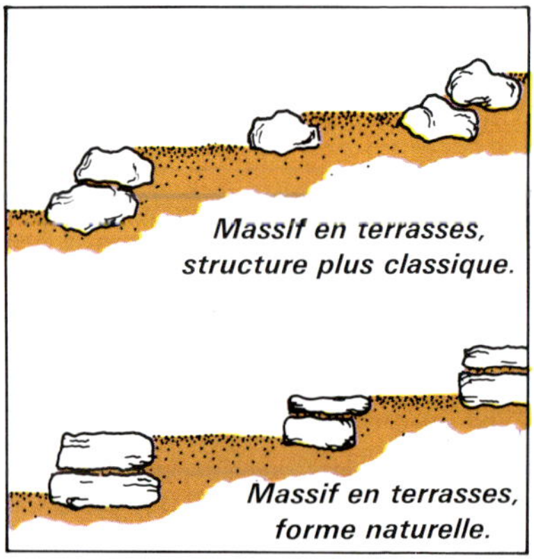

dalles obtenues à partir de pierres de taille, qui permettent de réaliser des murets beaucoup plus décoratifs en eux-mêmes.

Le **choix des plantes** pour le muret fleuri est très proche de celui qui concerne la rocaille.

Préférez cependant pour le versant ensoleillé du mur les espèces tapissantes à développement assez rapide qui permettent de mieux couvrir la surface du muret. Cette option limite malheureusement l'emploi de toute la gamme des petites plantes en coussinets au charme si particulier, comme petits œillets, achillées, androsaces.

MASSIF EN TERRASSES

Lorsque le jardin est presque entièrement délimité par des constructions, murs et clôtures, mieux vaut renoncer à la rocaille au modelé très naturel, difficile à intégrer dans un tel environnement. Il est préférable de tenir compte dans l'aménagement du jardin des lignes directrices que constituent ces constructions. La masse de terre, par exemple extraite pour la construction d'une cave, permet cependant d'envisager un relief sous forme de terrasses successives encadrant un escalier. On obtient ainsi un massif en terrasse que l'on peut aménager selon un tracé rectiligne quelconque et qui permet ensuite des plantations très variées. On peut par exemple concevoir un dénivellement sous forme d'une, deux ou trois terrasses successives autour des maisons construites sur une butte artificielle. Les escaliers menant vers le jardin de devant et celui de derrière constituent avec les terrasses des zones de plantations intéressantes, présentant toutes les orientations possibles.
La terrasse supérieure, véritable extension estivale de la maison, permet d'autres variantes. Des chemins dallés, en escalier ou en pas japonais, peuvent par exemple mener à une petite pièce

d'eau dont les contours limités par la terrasse supérieure dessineront une scène très réussie.
Après cette étape de réflexion, il faut dresser un plan précis de l'ensemble du massif en terrasses, des murets, escaliers et pièce d'eau. Une construction immédiate, sans plan préalable, est irrémédiablement vouée à l'échec au bout de quelques années, parce que les proportions sont mauvaises, que la pièce d'eau est située trop haut, les arbres plantés trop serrés... Le plan permet à la fois de définir et de vérifier la faisabilité des travaux mais aussi, par la prévision des plantations, d'en évaluer le coût en matériaux et plantes.
En ce qui concerne la **plantation** de ce type de massif en gradins, on peut avoir recours à pratiquement toute la gamme des petites plantes vivaces de rocaille. Dans les massifs en pente, orientés au

Évier de grès, accueillant plusieurs espèces de Sempervivum.

sud-sud-est, qui doivent avoir une profondeur d'au moins 80 cm, commencez par planter vers l'avant des petites plantes tapissantes qui vont progressivement retomber sur les murets en cascades fleuries. Vous avez à votre disposition les plus belles variétés d'*Alyssum saxatile,* la corbeille d'or, d'aubriète, à feuillage persistant, très prisée dans les jardins, les superbes variétés de petits phlox, aux fleurs blanches, roses ou rouges, les délicates saponaires, et bien d'autres encore. A la différence des recommandations énoncées pour les rocailles naturelles, vous pouvez également utiliser à leurs côtés des plantes vivaces plus grandes, car on cherche ici à adoucir le tracé assez rectiligne des constructions par une flore aussi variée que possible. L'ensemble de la construction, conception et plantation de ce type d'aménagement paysager est une expérience à long terme. Même en hiver, quand parfois la neige recouvre escaliers, murets, pierres, graminées et conifères, le jardin prend des allures de paysage de conte de fées. Il n'est pas rare que les premières fleurs apparaissent dès février, avec toute la cohorte des petits bulbes à floraison précoce, petits narcisses, tulipes botaniques, perce-neige, crocus et aconits d'hiver notamment.

1 1/3 bonne terre végétale ou compost parfaitement décomposé, 1/3 tourbe tamisée, 1/3 sable de rivière.
2 tourbe fibreuse ou mousse de sphaigne.
3 graviers de 10-20 mm de diamètre.
4 Éclats de pierre ou tessons
5 Trou de draînage.

AUGES ET BACS FLEURIS

Il n'est pas rare de découvrir dans la nature, au hasard d'une ascension ou promenade en altitude, de véritables rocailles miniatures sur des parois rocheuses. Les petites campanules, comme *Campanula cochelariifolia,* poussent en pleine pierraille ou émergent derrière un bloc anguleux, leurs fines clochettes frissonnant dans la brise. On trouve souvent à proximité immédiate la petite achillée soyeuse à fleurs blanches, de 10-15 cm de hauteur, *Achillea clavenae,* et le saule réticulé, *Salix reticulata,* un arbuste nain à port prostré, ainsi que *Daphne striata,* petit arbrisseau ne dépassant pas

15 cm, aux petites fleurs roses, sessiles, au parfum pénétrant. A cette altitude de 2000-2500 m, dans les rochers et les éboulis, se développe toute la flore variée typique de ces habitats, formant naturellement des associations végétales très décoratives. Ces plantes se mettent mutuellement en valeur et se complètent dans leurs floraisons. De petits conifères rabougris, souvent des pins nains à la silhouette tourmentée par la rudesse du climat, la pauvreté du sol, complètent à merveille ces tableaux “sauvages”.
Il faut de bonnes connaissances botaniques et horticoles pour composer une telle scène de mini-jardin alpin. Les Britanniques sont aujourd'hui encore les maîtres incontestés de la création de ces mini-rocailles, réalisées dans des éviers ou auges de pierre.
Pour offrir un cadre approprié aux plantations, l'auge doit être assez grande, vieille, en pierre, bref, avoir un aspect “authentique”. Les abreuvoirs d'antan, creusés manuellement, où venait boire le bétail, ont beaucoup de caractère. L'inconvénient est bien sûr leur poids, et souvent leur prix également ! Si vous avez cependant la possibilité de vous procurer un ou plusieurs de ces vieilles auges, abreuvoirs ou éviers de pierre, cherchez-leur d'abord un emplacement approprié, par exemple sur un muret, de façon à pouvoir regarder les plantes à une hauteur de 0,8-1 m.
Percez au point le plus profond un trou de draînage assez grand, que vous couvrirez de quelques cailloux ou galets pour éviter que la terre de plantation ne soit entraînée avec l'eau de pluie ou d'arrosage. Garnissez ensuite le fond du contenant, sur 1/4 de sa profondeur environ, d'une couche draînante de graviers de 10-20 mm de diamètre, puis recouvrez-la d'1 ou 2 cm de mousse de sphaigne. Complétez avec un mélange terreux enrichi en sable grossier, en fonction des besoins des espèces choisies pour la composition.

Le mélange terreux suivant convient à la plupart des plantations : 1/3 bonne terre végétale ou compost parfaitement décomposé ; 1/3 tourbe brune (sans addition d'engrais), 1/3 sable de rivière.

Avec de petites pierres à l'échelle de la composition, vous pouvez créer des reliefs, délimiter des zones de plantation. Vous éparpillerez ensuite de fins graviers entre les plantes, surtout là où la surface du mélange terreux est encore visible. Au même titre que des pierres, de petites racines blanchies, sinueuses, de petites souches sèches peuvent accentuer

Auge en grès au bord de la pièce d'eau.

le caractère “sauvage” de la scène. Pour les plantes acidophiles, recherchez un contenant en grès ou autre roche d'origine métamorphique ou éruptive, et non calcaire. Vous pouvez creuser un évier dans un gros bloc de grès pour mieux le modeler à votre idée. Utilisez bien sûr par ailleurs pour ces plantes calcifuges une terre non calcaire et du sable siliceux ; roches primitives, gneiss, micaschistes et autres roches éruptives sont en général plus belles que les roches calcaires. Elles sont malheureusement plus difficiles à se procurer.

Si vous hésitez face au coût d'un véritable évier ou auge de pierre et aux difficultés de transport, il y a toujours d'autres possibilités de recréer à petite échelle des scènes de rocaille. Ainsi les bacs, jardinières, de formes diverses, en amiante-ciment, en matériau appelé pierre artificielle, ou en bois, sont les meilleurs substituts possibles. Si vous utilisez par exemple des jardinières (aussi larges que possible), vous pouvez en accoler ou en aligner plusieurs sur le balcon ou la terrasse, de façon à disposer d'une vraie rocaille miniature.

PLANTES POUR

Conifères
Juniperus communis "Compressa"
Picea abies "Nidiformis"
Chamaecyparis obtusa "Nana Aurea"

Arbustes nains ou sous-arbrisseaux
Citisus decumbens
Iberis saxatilis
Moltkia petraea

Plantes vivaces herbacées
Acantholimon olivieri
Achillea umbellata
Alyssum montanum,
A. serpyllifolium
Anacyclus depressus
Androsace primuloides,
A. sarmentosa,
A. sempervivoides
Aquilegia akitensis,
A. flabellata,
A. discolor
Arabis blepharophylla,
A. carduchorum
Armeria juniperifolia
Arenaria montana
Asperula hirta, A. nitida
Aubrieta deltoides (variétés)
Campanula glomerata "Acaulis",
C. portenschlagiana, C. pulla
Convolvulus boissieri (C. nitidus)
Dianthus petraeus,
D. alpinus,
D. subacaulis
Draba aizoides, D. bruniifolia,
D. sibirica

Dans ce cas, ne placez pas les contenants trop bas, de façon à pouvoir profiter à bonne hauteur des détails de feuillage et floraison de ces petites plantes. Enfin les grands bacs, jusque 1,5 m de diamètre parfois, permettent la réalisation de scènes plus variées. Comme pour les grandes rocailles ou pour tout massif du jardin, procédez toujours par étapes : réflexion, plan, construction et plantation.

Toutes les espèces de rocaille ne se prêtent pas, pour des raisons de taille et de conditions de culture, à la plantation en auge ou bac. La liste ci-dessus présente une sélection de plantes vivaces et conifères de rocaille également recommandés pour la culture en auge ou bac :

AUGES ET BACS

Eritrichum rupestre (E. strictum)
Erinus alpinus, Erysimum alpinum
E. pumilum (E. rhaeticum)
Gentiana acaulis,
G. clusii, G. verna, G. farreri
Geranium dalmaticum, G. farreri
Globularia repens
Gypsophila aretioides
Helichrysum milfordiae
Leontopodium alpinum
Origanum
Pentsetmon ceaspitosus
P. pinifolius, Petrocallis pyrenaica
Phyteuma scheuchzeri
Potentilla nitida,
Primula auricula, P. hirsuta
Soponaria "Bressingham"
S. ocymoides
Saxifraga aizoides,
S. paniculata (S. aizoon),
S. cochlearis,
S. crustata, espèces de la section *Kabschia,* pour la mi-ombre
Sedum, espèces et variétés tapissantes
Sempervivum arachnoideum,
S. montanum, Silene elisabethae,
Silene acaulis, S. alpestris
Veronica fruticans

Graminées

Alopecurus lanatus
Carex buchananii,
C. firma "variegata"
Festuca glacialis

Fougères

Asplenium septentrionale
Ceterach officinarum

Groupe de Juniperus communis 'Compressa'.

LES PLANTES DE ROCAILLE

Nous avons essayé dans le cadre de cet ouvrage de présenter au lecteur un aperçu aussi large que possible de la gamme des arbustes et sous-arbrisseaux, conifères nains, plantes vivaces herbacées, graminées et fougères qui peuvent être utilisés dans la rocaille. Les plantes présentées ici sont accompagnées de conseils de plantation.
Le lecteur un peu "averti" ne se sera pas étonné de trouver dans cet ouvrage, au côté du nom commun, ou vernaculaire, des plantes, leur nom botanique, d'origine latine ou grecque et "latinisé". L'usage des noms botaniques, ou plutôt scientifiques, permet aux botanistes et jardiniers du monde entier de parler "le même langage" sans ambiguité. Qui plus est, certaines plantes de rocaille n'ont pas de nom vernaculaire bien défini. L'appellation scientifique est en général formée de deux mots, le nom du genre et le nom d'espèce. Ainsi le nom botanique du groupe des gentianes est le genre *Gentiana ; acaulis* = acaule, sans tige, est le nom de l'une des espèces du genre ; soit le nom de *Gentiana acaulis* pour décrire la gentiane acaule. Le premier nom, celui du genre, commence toujours par une lettre majuscule, tandis que le nom d'espèce commence par une minuscule. Les sous-espèces ou variétés spontanées portent un troisième nom, annoncé par une abréviation : ssp = subspecies = sous-espèce, ou var. = varietas = variété. Les variétés horticoles correspondent au nom figurant entre guillemets simples.
Dans un domaine aussi spécifique que celui des plantes alpines et de rocaille, il est bon d'apprendre les noms scientifiques exacts des plantes, de façon à pouvoir se les procurer auprès des producteurs spécialisés ou encore faire des échanges avec d'autres amateurs de rocaille. Nombre de ces plantes sont, en effet, relativement rares et ne sont, en général, connues des spécialistes ou des amateurs passionnés que sous leur nom latin. L'étiquetage des sujets rares est de ce fait un préalable indispensable à la culture et à l'entretien de ces plantes.

CONIFÈRES

Par leur stature, les conifères ont autant d'impact dans la rocaille que les gros blocs rocheux. Rochers et conifères sont des éléments essentiels qui tracent les grandes lignes, définissent les points d'intérêt de la rocaille

et suggèrent en eux-mêmes des idées de plantations associées. C'est pourquoi les conifères sont les premières plantes à mettre en place après la construction de la rocaille.
Le choix des espèces et des variétés est surtout fonction du caractère de la rocaille. Plus celle-ci est petite, moins elle permet la diversité pour les conifères. Selon la forme de la rocaille, il convient parfois de distinguer les conifères utilisés pour créer des volumes au sein même de la rocaille, de ceux destinés à former l'arrière plan du massif. La rocaille elle-même fait appel à des conifères réellement nains. Pour l'arrière-plan, vous pouvez choisir des variétés un peu plus élevées, par exemple, des pins de montagne atteignant environ 2 m. Pour les plantations de transition avec le reste du jardin, le choix est fonction de la taille et du plan d'ensemble de celui-ci.

ABIES, sapin

A. balsamea, var. *hudsoniana,* variété naine, feuillage dense, court, vert sombre au-dessus, vert bleuté en-dessous, à port étalé.
A. balsamea 'Nana' variété très naine, à croissance lente, aiguilles vert foncé au-dessus, blanc bleuté en-dessous.

JUNIPERUS, genévrier

J. communis 'Compressa' est une forme naine très décorative de *J. communis.* Même lorsqu'il ne mesure encore que 50 cm de hauteur, sa silhouette columnaire paraît déjà très élancée. Sa croissance est très lente, mais il peut atteindre 1 m de hauteur et 20 cm de largeur environ. Il fait beaucoup d'effet en petits groupes, par exemple composés d'un ou deux sujets plus grands associés à d'autres plus petits.
J. communis var. *depressa* 'Aurea' est une forme à port prostré, aux jeunes pousses jaune d'or.
J. communis 'Hornibrockii', qui ne dépasse pas 40-50 cm de hauteur, est prostré également, très rampant.
J. communis 'Nana Aurea' est une autre variété naine, à port prostré, dont les aiguilles ont une teinte dorée à la face inférieure.
J. virginiana, le genévrier de Virginie, a également donné naissance à des variétés naines intéressantes, comme 'Nana Compacta' ou 'Reptans'.

MICROBIOTA

M. decussata est un conifère originaire de Sibérie, employé depuis peu dans les jardins. Il ne dépasse guère 10 cm de hauteur mais s'étale en largeur, avec des pousses retombantes. Le vert frais des aiguilles vire au brun cuivré en hiver. Avec l'âge il peut s'étaler sur 2 m de largeur. C'est un sujet intéressant, à planter légèrement appuyé contre des rochers placés un peu plus haut, pour en faire un point d'intérêt particulier dans la rocaille.

PICEA, épicéa

Vaste genre comprenant des formes très variées. Voici une sélection de quelques formes naines très décoratives.
P. abies (P. excelsa) 'Nidiformis' est une forme à croissance très lente, à port étalé, pouvant atteindre environ 50 cm de hauteur et 1 m de largeur, à feuillage teinté de jaune. 'Nana',

'Pumila Glauca' et 'Pygmaea' sont d'autres variétés naines. *P. glauca* 'Albertiana Conica' est une belle variété à port conique dense, de croissance lente, qui peut atteindre 2-3 m de hauteur et à feuillage vert vif. Sujet à isoler.
P. glauca 'Nana' est une forme naine, buissonnante, à aiguille gris bleuté, pouvant atteindre près d'1 m de hauteur et d'étalement.
P. mariana 'Nana est une variété naine de la sapinette noire, de forme arrondie, plus large que haute.
P. pungens 'Glauca Globosa' est une magnifique variété naine du sapin bleu, au feuillage glauque, à croissance en boule aplatie pouvant atteindre 1 m de hauteur. Pour les grandes rocailles.

PINUS, pin

Les pins de montagne sont particulièrement intéressants pour la rocaille.
P. mugo (P. montana) L'espèce type, qui peut atteindre 3-4 m de hauteur et presque autant en largeur, est à réserver à l'arrière-plan de la rocaille.
P. mugo ssp. *mugo* atteint 2 m de hauteur.
P. mugo ssp. *pumilio* est un pin nain ne dépassant pas 1 m. Dans les petites rocailles, on peut planter autour de la rocaille proprement dite des sujets déjà bien développés de *Pinus mugo* ssp. *pumilio* pour évoquer les bois de pins clairsemés en altitude.
P. pumila est un pin nain très décoratif, à réserver aux sols non calcaires.
P. pumila glauca est un pin nain à feuillage dense, vert bleuté, atteignant 1 m de hauteur.

Pinus mugo ssp. pumilio, pin nain.

P. strobus 'Nana' est une forme naine du pin de Weymouth, à longues aiguilles denses, bleu-vert et port assez étalé ; 1-2 m de hauteur, pour sols humides.
P. sylvestris 'Beuvronensis' est une variété naine très décorative, formant un buisson arrondi (1 m de hauteur et largeur environ).

TSUGA

T. canadensis 'Nana' est une jolie variété naine de tsuga, aux pousses légèrement retombantes, jusque 1,5 m de hauteur.

ARBUSTES ET SOUS-ARBRISSEAUX

Les plantes ligneuses à floraison et à feuillage décoratif destinées à la rocaille doivent s'adapter au décor par leur type et leurs dimensions. Elles permettent de créer de nouveaux volumes et de réaliser des associations avec des plantes plus petites.

Il est important de bien connaître les dimensions qu'atteignent ces plantes ainsi que leurs exigences pour choisir leur place dans la rocaille.

ACER, érable

Les variétés d'érables japonais sont très élégantes et décoratives. Elles font partie des "classiques" dans toutes les scènes de jardin de petite et moyenne dimensions. Choisissez pour les rocailles d'assez grande taille des variétés peu élevées, à croissance très lente (pas plus de 1,2 m de hauteur), afin de garder l'échelle de la composition.

A. palmatum 'Dissectum Atropurpureum' est un érable du Japon à feuillage pourpre, finement découpé, très lumineux à l'automne ; hauteur : 1,5 à 2 m.

A. palmatum dissectum 'Garnet' est une autre variété à beau feuillage rouge sombre, de 1,5 à 2 m de hauteur, se plaisant à mi-ombre, en sol sableux et humifère.

CALLUNA, callune

Ne plantez pas trop de bruyères dans la rocaille pour ne pas trop édulcorer son caractère alpin. La callune se plaît dans tout sol peu calcaire. Elle fleurit d'août à octobre. Associez-la aux formes naines de *Rhododendron* et à la ravissante *Gentiana sino-ornata,* à floraison automnale également et ayant les mêmes exigences quant au sol.

C. vulgaris fleurs roses en grappes denses ; 30 cm ; floraison juillet à octobre-novembre.
Il en existe de nombreuses variétés horticoles.

CLEMATIS, clématite

Plantes grimpantes à feuillage caduque, s'aggripant à l'aide de vrilles.

C. alpina la clématite des Alpes, peut atteindre 2 m de hauteur. Belles fleurs retombantes bleu pâle, de 3-4 cm de longueur. Plantez-la au pied d'un pin de montagne utilisé en écran au fond de la rocaille. Elle grimpera rapidement dans les ramifications de celui-ci, le couvrant d'une cascade fleurie, sans pour autant lui nuire.

C. integrifolia a des tiges herbacées aux feuilles ovoides, qui atteignent 60 cm de hauteur. Elle est décorative de juin à septembre par ses fleurs isolées d'un bleu métallique, en clochettes, suivies de jolis fruits gris argenté.

CYTISUS, cytise, genêt

Avec leurs fleurs d'un jaune très lumineux, les espèces ou variétés

Clematis alpina,* *clematite des Alpes.

naines de cytise font beaucoup d'effet dans la rocaille.

C. decumbens, 10 cm, fleurs jaune d'or en mai-juin.

C. x kewensis, 30-50 cm, fleurs blanc crème à jaune soufre ; port étalé, très décoratif.

DAPHNE

Les daphnés ne demandent pas tous des situations ombragées. Certaines espèces se plaisent également au soleil, en sol calcaire et rocailleux.

D. arbuscula se plaît au soleil, dans les lieux pas trop humides ; floraison rose lilas de mai à août ; 25-30 cm de hauteur.

D. cneorum, ou thymélée des Alpes se marie particulièrement bien avec *Gentiana acaulis ;* 20-30 cm de hauteur ; floraison rose très parfumées en mai-juin. La variété 'Major' est très vigoureuse et florifère.

D. petraea demande un terrain bien draîné ; 10-15 cm de hauteur et 30 cm d'étalement ; floraison rose, parfumée en grappes terminales, en mai-juin.

DRYAS, dryade

Sous-arbrisseaux à feuillage persistant, à port prostré et fleurs ressemblant à des anémones. Situation : plein soleil, sol calcaire, caillouteux, bien draîné.

D. drummondii, 10 cm, fleurs jaunes, pendantes en juin-juillet.

D. octopetala, 10 cm, très étalé, formant des tapis denses ; floraison blanche en mai.

Daphné cneorum 'Major'.

D. x suendermannii, hybride horticole entre *D. drummondii* et *D. octopetala,* très vigoureux, à fleurs jaune crème.

ERICA, bruyère

C'est toujours un régal de découvrir dès décembre ou début janvier les fleurs rose vif de la bruyère des neiges perçant à travers la couche de

Erica herbacea, bruyère des neiges.

neige. Elle donne un avant-goût de printemps même si la neige recouvre parfois à nouveau toute la rocaille sous un épais manteau.
E. herbacea (E. carnea), bruyère des neiges. Sa beauté est particulièrement bien mise en valeur par une association avec des pins nains, *Pinus mugo* ssp. *pumilio,* le tout à côté d'un beau rocher. Cette bruyère supporte les sols calcaires bien draînés et caillouteux, mais apprécie des apports de tourbe. Les variétés horticoles suivantes sont à recommander : 'Rubra', 15 cm, fleurs d'un rouge intense ; 'Springwood', 30 cm, fleurs blanches ; 'Vivellii', 15 cm, fleurs rouge carmin ; 'Winter Beauty', floraison rose foncé, très lumineux.

HELIANTHEMUM, hélianthème

Ces petits sous-arbrisseaux à floraison estivale sont précieux pour leur floraison généreuse dans les tons de blancs, jaune, orange à rouge. A planter en sol humifère, léger et bien draîné.
H. macedonicum, 5 cm, jaune d'or.
H. nummularium, 5-10 cm, jaune.
H. oelandicum ssp. *alpestre,* 5-10 cm, port étalé, fleurs jaune d'or.
Les pépinières proposent de nombreuses variétés horticoles, notamment de *H. nummularium.*

HYPERICUM, millepertuis

Arbustes et sous-arbrisseaux à floraison estivale jaune, remarquables pour leurs bouquets d'étamines très décoratifs.
H. calycinum, 130 cm, pour les grandes rocailles, car assez envahissant.
H. coris, 15-25 cm, pour exposition ensoleillée.

Iberis saxatilis.

H. olympicum, 30-40 cm, la variété 'Citrinum' à fleurs jaune citron est très décorative.
H. polyphyllum, 15 cm, très florifère, en cymes fournies.

IBERIS, thlaspi

Ces petites plantes vivaces ou sous-arbrisseaux à feuillage persistant sont parmi les plus belles de nos plantes de rocaille. Elles sont couvertes de fleurs blanches au printemps. Certaines refleurissent jusqu'au début de l'hiver.
I. saxatilis, 10 cm, très florifère.
I. sempervirens, 30 cm, croissance vigoureuse, port étalé.
I. 'Snox Flake' à grandes fleurs blanc pur.
I. 'Plena', forme à fleurs doubles.

MOLTKIA

Sous-arbrisseaux peu courants, à superbes fleurs bleues très lumineuses et feuilles velues. Plantes peu rustiques, à réserver aux rocailles sèches et très ensoleillées, dans les rochers ou les éboulis. Protéger la souche en hiver.

M. x intermedia fleurs bleu foncé groupées en cymes scorpioides, hauteur 20 cm, floraison en juin-juillet.

M. petraea sous-arbrisseau de 20-25 cm de hauteur, couvert de poils soyeux ; fleurs bleu-violet en inflorescences ramifiées ; floraison en juin.

RHODOTHAMNUS,

R. chamaecistus est un arbuste nain d'une vigueur étonnante bien que d'aspect délicat, qui se développe jusque 2 500 m d'altitude dans les anfractuosités des rochers, les pentes d'éboulis à l'ombre, dans les bosquets de pins nains. Il ne dépasse pas 10-30 cm de hauteur mais donne de belles fleurs en coupe, rose teinté de rouge. Plantez-le en sol rocailleux ; bien draîné, calcaire mais enrichi en terre de bruyère, légèrement à l'abri du soleil, de préférence contre la face est d'une grosse pierre. Floraison en mai.

Rhodothamnus chamaecistus.

PLANTES VIVACES

Qu'est-ce qu'une plante vivace ?

A la différence des plantes annuelles, les vivaces vivent plusieurs années. Elles forment des touffes ou coussinets denses ou lâches, rampants ou dressés, et survivent plusieurs hivers, au moins par leur système racinaire. Elles se plaisent selon les espèces au soleil ou à l'ombre épaisse ; elles peuvent fleurir des premiers jours du printemps jusqu'à l'arrivée de l'hiver.

ACAENA

Petites plantes couvre-sol faciles à vivre, d'environ 10 cm de hauteur, à utiliser par exemple pour couvrir les tapis de petits bulbes. Floraison insignifiante.

ACANTHOLIMON

Plantes originaires du sud-est de l'Europe et d'Asie Mineure ; forment de jolis tapis épineux d'environ 10 cm de hauteur. A planter en situation sèche et ensoleillée, plein sud, en terrain d'éboulis calcaire très bien draîné. Il est préférable d'acheter des jeunes plants en pot.

A. androsaceum, feuillage gris-vert court ; floraison rose-rouge.

A. glumaceum feuillage vert foncé ; épis de fleurs mauves en juin.

A. venustum feuillage gris argenté et floraison rose pâle ; moins rustique que les espèces précédentes.

et à inflorescences en ombelles. Les fleurs ressemblent un peu aux primevères.

A. primuloides, 10-15 cm, en rosettes serrées ; floraison rose en mai-juin.

A. sarmentosa, 10-15 cm, rosettes plus étalées, couvertes de poils soyeux ; floraison rose en mai-juin.

A. sempervivoides, 8-10 cm, petites rosettes en boules, à feuilles étroitement imbriquées ; floraison rose en mai-juin. Toutes se plaisent en situation ensoleillée, sol bien draîné mais pas trop sec, sableux et humifère. Multiplication par division après la floraison.

ANÉMONE, anémone

Fleurs printanières des forêts de feuillus européennes, à planter à mi-ombre.

A. apennina espèce rhizomateuse ; hauteur 15-20 cm, fleurs bleu-ciel, apparaissant en même temps que les feuilles en avril-mai.

***Androsace sempervivoides,* androsace.**

***Anemone blanda* 'Radar'.**

A. apennina alba variété à grande fleurs blanches, bleutées extérieurement.

A. blanda, Grèce, Asie Mineure, espèce rhizomateuse, 10-15 cm, feuilles divisées, port étalé, fleurs bleu foncé en mars-avril.

A. hepatica, voir *Hepatica.*

A. nemorosa, anémone sylvie, 10 cm, floraison blanc rosé en avril-mai. La variété 'Robinsoniana' a des fleurs bleu lavande.

A. sylvestris Europe, Sibérie, 30-40 cm, fleurs de 4-7 cm de diamètre, blanches, en mai-juin. A planter parmi des arbustes nains ou petits conifères.

A. pulsatilla, voir *Pulsatilla.*

ANTENNARIA, pied de chat, antennaire.

Jolie plante tapissante à feuillage gris duveteux.

A. dioica, 5-10 cm de hauteur, floraison rose ou blanche en juin-juillet.

ANTHEMIS, camomille

A. bieberstainiana (A. marschalliana), camomille des

montagnes, bassin méditerranéen, 25 cm, fleurs jaunes en mai-juin.

ANTHYLLIS

Alpes, Balkans ; plante gazonnante.

A. montana, 10 cm, floraison rouge carmin en été.

AQUILEGIA, ancolie

Plantes vivaces de soleil ou d'ombre légère, pouvant atteindre 1 m de hauteur. Les espèces basses conviennent bien pour la rocaille.

A. akitensis (A. flabellata), Japon, 15 cm, sépales bleus, éperons courts, pétales blancs, floraison mai-juin.

A. discolor, Espagne, 12-15 cm, sépales bleu clair, pétales blancs, floraison en mai-juin.

A. einseleana, sud des Alpes calcaires, 15-25 cm, petites fleurs violettes à éperon court. Floraison mai-juin.

A. flabellata var. *pumila,* Japon, 15 cm, fleurs bleu lilas à pétales blancs, éperons courts, floraison mai-juin.

ARABIS, arabette

Europe, Afrique du Nord, Asie, Amérique du nord.

A. aubrietioides, Turquie, 10-20 cm, en coussinets lâches, étalés, à fleurs roses en mai.

A. blepharophylla, Californie, 10-15 cm, fleurs rouge carmin en avril, très décorative.

A. caucasica (A. albida), corbeille d'argent, 15 cm, Caucase, floraison blanche en avril-mai. Il en existe plusieurs variétés horticoles.

Aquilegia caerulea, ancolie.

ARENARIA, sabline

Petites plantes vivaces tapissantes, à petites fleurs blanches, sensibles à l'humidité stagnante. A planter dans les éboulis ou directement dans une fissure de rocher.

A. balearica, 3-5 cm, *A. cretica, A. ledebouriensis, A. pulvinata, A. tetraquetra* sont des espèces gazonnantes formant des tapis denses dans la rocaille.

Arabis blepharophylla, arabette.

***Armeria caespitosa*, gazon d'Espagne.**

***Aster alpinus*, un aster à floraison printanière.**

A. montana, 8-10 cm, floraison juin-juillet, originaire des Pyrénées, est certainement la plus belle espèce du genre. Ses grandes fleurs blanches en coupe s'associent bien avec les petites campanules et les petits œillets.

ARMERIA

Petites plantes gazonnantes, à feuillage persistant, formant des coussinets denses.

A. caespitosa (A. juniperifolia), Pyrénées, 5 cm de hauteur, floraison rose tendre ou blanche en mai-juin.

A. maritima, gazon d'Espagne, 15 cm, floraison en têtes roses globuleuses, de mai à juillet. Il en existe des variétés horticoles, comme 'Alba', à fleurs blanches, 'Gloire de Düsseldorf', à fleurs rose foncé, très intense, ou 'Splendens', d'un rouge vif.

ASPERULA, aspérule

A. hirta, Pyrénées, 10-20 cm de hauteur, formant des coussinets, fleurs rose de mai à juillet, pour sol ordinaire.

A. lilaciflora, Asie Mineure, 5 cm de hauteur, aux coussinets de feuillage vert foncé, en aiguilles, couverts de fleurs rose vif en mai-juin.

A. nitida, Grèce, 3-5 cm de hauteur seulement, fleurs rose pâle en juin-juillet. A planter en sol très bien draîné ou dans une fissure.

A. suberosa, Grèce, 5-8 cm de hauteur, feuillage laineux, blanchâtre et fleurs roses très nombreuses en juin-juillet. Redoute l'humidité stagnante, surtout en hiver. A planter en terrain gravillonneux ou dans une fissure de roche calcaire.

ASTER

Ce vaste genre, de plus de 600 espèces, compte quelques petites espèces qui conviennent bien à la rocaille.

A. alpinus, Europe, Asie, Amérique du nord, 20-30 cm de hauteur, grande fleurs bleu violet à cœur orangé en mai-juin. La variété 'Albus' a des fleurs blanches.

A. bellidiastrum, Alpes, Carpates,

Floraisons printanières dans la rocaille : Alyssum, Arabis et aubriètes.

10-15 cm de hauteur, petites fleurs blanches ressemblant aux pâquerettes. Floraison avril-mai. Se plaît dans les lieux humides.

A. himalaicus, Sikkim, 20 cm de hauteur, fleurs bleu pourpré en mai-juin, pour sols sableux et riches en humus.

ASTRAGALUS, astragale

Europe, Asie, Amérique

A. angustifolius, Balkans, Asie Mineure, belle espèce en coussinets piquants de 10-15 cm de hauteur, à fleurs blanc crème en mai-juin. Pour murets fleuris ou rocaille en plein soleil. A protéger en hiver par des branchages de conifères.

A. sempervirens, Alpes, Balkans, petite plante ne dépassant pas 10 cm de hauteur, à petites feuilles gris-vert, fleurs rose pâle à blanchâtre en juin-juillet. Plein soleil, sol caillouteux très drâinant.

AUBRIETA, aubriète

Bassin méditerranéen, Asie Mineure. Petites plantes tapissantes à floraison colorée, très populaires, pour rocailles, murets, fleuris et massifs en terrasses. Il en existe de nombreuses variétés horticoles à fleurs dans les tons de rouge pourpre, bleu et violet, en avril-mai. Ce sont des variétés de l'espèce *A. deltoidea.*

BELLIUM

B. minutum, Grèce, jolie petite plante de 5 cm de hauteur, à petites fleurs blanches de marguerite de juin à octobre.

BLETILLA

B. striata, Chine, Japon. Belle orchidée rustique de 20-30 cm de hauteur, à longues feuilles lancéolées, arquées. Floraison en juin-juillet, fleurs rose carminé à pourpre, à labelle rayé de blanc. A placer en hauteur dans la rocaille, en sol humifère, pas trop sec. *B. striata alba* n'est pas rustique.

CAMPANULA, campanule

Parmi les 300 espèces du genre et plus, originaires d'Europe, d'Asie et d'Amérique, celles convenant pour la rocaille sont de petites plantes poussant dans les alpages, éboulis et rochers. Leurs clochettes bleues ou blanches se marient bien aux petits pavots et œillets alpins, androsaces, achillées, géraniums et linaires, entre autres.

Campanula pusilla.

C. carpatica, 20-25 cm de hauteur, fleurs en clochettes ouvertes, bleues et blanches, de juin à août, dans différentes variétés.

C. garganica, 15 cm de hauteur, fleurs bleues étoilées en mai-juin.

C. glomerata 'Acaulis', 20 cm de hauteur, fleurs violet foncé, groupées en belle inflorescences globuleuses de juin à août.

C. portenschlagiana, 15 cm de hauteur, à feuilles arondies à cordiformes, fleurs violet pâle de 5-6 mm de diamètre, à lobes larges, en juillet-août.

La variété *C. portenschlagiana* 'Birch Hybrid' est plus vigoureuse encore, à plus grandes fleurs teintées de pourpre. Cette campanule est certainement l'une des plantes de rocaille les plus belles et les plus faciles à vivre.

C. pulla, de l'est des Alpes, mesure 5-10 cm de hauteur seulement. Fleurs solitaires pendantes, en entonnoir, violet foncé. Se plaît en situation fraîche et ombragée dans les éboulis calcaires.

C. x pulloides, 10-15 cm, hybride de culture facile, qui émet des rejets souterrains et forme ainsi de jolis tapis. Fleurs bleu foncé largement ouvertes, en mai-juin.

C. cochleariifolia (C. pusilla) est une ravissante espèce alpine de 10 cm de hauteur, à grandes fleurs (2 cm de diamètre) pendantes bleu clair ou blanc *(C. cochleariifolia* 'Alba'), en clochettes de juin à août-septembre. Ses fines racines se glissent dans les plus petites fissures des pierres et forment ainsi des scènes de rocaille charmantes.

CARLINA, carline
C. acanthifolia, Europe, Balkans, grandes rosettes (jusque 30 cm de diamètre) tout à fait sessiles, aux feuilles découpées, portant en juin juillet une grande inflorescence (jusque 20 cm de diamètre), sessile également, jaune d'or. La plante meure après la floraison, mais se ressème spontanément. Une plante peu ordinaire qui attire le regard. A planter sur une pente exposée au sud, en sol profond, rocailleux et calcaire. *C. acaulis* est l'une des plantes alpines les plus connues, et protégées dans de nombreux pays. Elle forme dans les endroits rocailleux des rosettes aplaties et épineuses. En septembre apparaissent les inflorescences rayonnantes, argentées, qui ne s'ouvrent pleinement que par temps ensoleillé.

CERASTIUM, céraiste

C. alpinum ssp. *lanatum,* Balkans, régions arctiques, forme des coussinets lâches, bas, de feuilles laineuses,

Carlina acanthifolia.

argentées. Ombelles de 4-5 fleurs blanches en mai-juin, sur des tiges de 8-10 cm de hauteur. Espèce intéressante pour les endroits humides, légèrement ombragés, en sol humifère, où elle se marie bien avec des espèces sauvages comme *Mimulus cupreus* et *Mazus pumilio.*
C. tomentosum var. *columnae,* Italie, 10 cm de hauteur, feuillage argenté, brillant, se couvrant en mai-juin de fleurs blanches. A planter notamment dans les murets fleuris, en compagnie de la saponaire à fleurs rouges et de nombreuses petites plantes tapissantes.

CHRYSANTHEMUM, chrysanthème

C. weyrichii, Japon, jusque 15 cm de hauteur, floraison en juin-juillet, fleurs de 4-5 cm de diamètre, à disque jaune et fleurons ligulés roses. Forme des groupes lâches en sol humifère, bien draîné.

CIRSIUM, chardon

C. acaule, Europe, Asie, feuilles dentées, épineuses, en rosette étalée sur le sol ; portant de juillet à septembre des inflorescences acaules rose pourpré. Emplacement ensoleillé et caillouteux.

CONVOLVULUS, liseron

C. calvertii, Crimée, belle espèce à feuilles basales duveteuses, gris argenté, tiges dressées de 30 cm de hauteur, portant des fleurs en coupe, rose tendre, de juin à août.
C. Lineatus, bassin méditerranéen, Asie Mineure, Russie, forme des coussinets de 5 cm de hauteur, à feuilles argentées de 5-8 cm de lon-

Dianthus alpinus,* *œillet des alpes.

Diantus alpinus* *'Albus'.

gueur et belles fleurs roses, en coupe, de juin à août.

C. boissieri (C. nitidus), Espagne, touffes étalées de feuilles argentées, brillantes, et fleurs en coupe, rose pâle, de juin à août. Sous-arbrisseau nain, se plaisant en sol caillouteux maigre, en plein soleil. A protéger du froid en hiver.

CORYDALIS

C. lutea, 20-25 cm, belle petite plante vivace au feuillage délicat, vert bleuté, très découpé et floraison en grappes jaunes du printemps à l'automne. Se plaît en terrain bien drainé, à mi-ombre, par exemple plantée avec des ancolies, petits delphiniums et fougères un peu à l'arrière-plan de la rocaille.

DELPHINIUM, pied d'alouette

D. elatum, plante de montagne, Europe, Asie, jusque 1,6 m de hauteur, fleurs bleu violet, à taches sombres, en juin-juillet. Forme un bel écran derrière la rocaille, associé à des pins nains.

D. grandiflorum, Sibérie, Chine, 30-50 cm de hauteur, floraison d'un bleu lumineux en juillet-août.

D. nudicaule, Californie, 20-40 cm de hauteur, fleurs rouge écarlate longuement éperonnées de juin à août. Espèce assez éphémère, sensible à l'humidité stagnante. Situation : en sol caillouteux et humifère, très bien drainé. A protéger en hiver. Le mieux est parfois de déterrer les touffes après la floraison, pour les garder au frais et au sec dans du sable ou de la tourbe.

D. tatsienense, Chine, hauteur 40 cm, fleurs bleu gentiane longuement éperonnées en juin-juillet.

DIANTHUS, œillet

Bassin méditerranéen, Balkans, Asie Mineure, Alpes. Le charme des petits œillets botaniques, à fleurs blanches,

Dianthus carthusianorum.

Dianthus glacialis, œillet des glaciers.

roses ou rouges, d'aspect si délicat auprès de rochers imprenables est inégalable.
D. alpinus, œillet des Alpes. Touffes gazonnantes de feuillage vert frais, de 5 cm de hauteur, portant en mai-juin de grandes fleurs presque acaules, rose carminé à anneau plus foncé, ou blanc à rose pâle chez la variété *D. alpinus* 'Albus'. Espèce assez éphémère, très sensible aux parasites. Emplacement : légèrement ombragé et frais, en sol caillouteux et humifère.
D. deltoides, œillet deltoïde ; espèce particulièrement décorative devant des pins nains. Ses fleurs blanches, roses ou rouge carmin ressortent bien sur leur feuillage vert foncé.
D. gratianopolitanus (D. caesius) Il existe de nombreuses belles variétés horticoles de cet œillet qui forme des coussinets denses, gazonnants, gris vert à vert bleuté, de 10-20 cm de hauteur, à tiges en général uniflores, portant au printemps des fleurs rose ou rouge foncé.

Delphinium grandiflorum.

D. Knappii, Bosnie, 40 cm, espèce intéressante pour ses fleurs jaune soufre en juillet-août.
D. monspessulanus ssp. *sternbergii,* espèce en coussinets gazonnants denses, de 10-15 cm de hauteur, à tiges arquées et belles fleurs parfumées, rose pâle à pourpre. Le petit *D. petraeus,* de 15 cm de hauteur, à fleurs parfumées blanches est très décoratif également.
D. sylvestris, 15 cm de hauteur, est une espèce à grandes fleurs estivales roses, à bord denté.
Enfin on peut citer, parmi les œillets très nains, à floraison estivale ravissante :
D. freynii, de 12 cm de hauteur, à fleurs roses à pédoncule court.
D. microlepis, de 1 cm de hauteur, à minuscules fleurs roses (pour sol non calcaire).
D. subacaulis, en coussinets de 3-5 cm de hauteur et fleurs roses, sessiles.
Certains producteurs spécialisés en proposent d'autres espèces rares.
Utiliser pour les plantations d'arrière-plan les espèces plus hautes telles que :
D. carthusianorum, qui forme des touffes lâches à feuilles étroites. Il porte de juillet à septembre des fleurs lumineuses, rouge pourpré, en bouquets serrés, sur des tiges de 40-50 cm de hauteur. Il se plaît en sol calcaire, légèrement à l'ombre. Là encore, plantez-le près de petits conifères à feuillage sombre pour obtenir des teintes contrastées.
D. superbus. A la différence des autres espèces citées, celle-ci se plaît dans les prairies humides et en bordure de pièces d'eau. Elle forme des touffes lâches assez étalées pouvant atteindre 50-60 cm de hauteur, et porte sur des tiges de grandes fleurs parfumées, à bord très frangé, dans les tons de rose pâle ou blanc. Elle est assez éphémère.

DICENTRA

D. spectabilis, cœur-de-Marie ou cœur-de-Jeannette, Chine, Japon, est une belle plante vivace à feuillage découpé vert bleuté et ravissantes fleurs en forme de cœur, roses et blanches en mai-juin. Se plaît à mi-ombre et à l'arrière-plan du fait de sa taille (50-60 cm).

DORONICUM, doronic

Plutôt que *D. clusii* ou *D. grandiflorum,* retenez pour la rocaille l'espèce *D. orientale (D. caucasicum).* Elle atteint 40 cm de hauteur, a des feuilles vert clair, en cœur. Elle porte en avril-mai des fleurs de marguerite jaunes sur des tiges robustes, pubescentes. Plantez-la en sol humifère, pas trop riche, contenant des graviers calcaires, en situation fraîche et légèrement ombragée, par exemple en compagnie de *Myosotis rupicola,*

Edraianthus

d'environ 15 cm de hauteur, aux fleurs d'un bleu profond.

DRABA, drave

Belles petites plantes en coussinets, à fleurs blanches ou jaunes, à planter dans les éboulis ou les rochers, exposées au sud.
D. aizoides, de 10 cm de hauteur, à grappes de fleurs jaune citron en mars, se glisse entre les rochers.
D. bruniifolia, de 5 cm de hauteur, à fleurs jaune d'or, lui succède en avril.
D. bryoides var. *imbricata,* plus petit encore, forme des coussinets denses de petites fleurs jaune clair. A planter par exemple en compagnie d'*Asperula nitida* sur les rochers du versant sud de la rocaille.
Il en existe d'autres formes à fleurs blanches, proposées par certains spécialistes.

EDRAIANTHUS

Ce genre proche des campanules forment des coussinets lâches. Il fait partie de la flore typique des rochers et éboulis. Floraison : juin-juillet.
E. dalmaticus, Dalmatie, 10 cm de hauteur, à 5-10 fleurs bleu violacé.
E. dinaricus, forme naine, fleurs isolées, en clochettes bleu violet.
E. graminifolius, 10 cm de hauteur, florifère, mauve.
E. pumilio, forme de petits coussinets de 1-2 cm de hauteur, à feuilles en aiguilles, fleurs presque sessiles, de 3 cm de longueur, bleu violet. Superbe plante pour les fissures des pierres en tuf, ou à mettre en valeur sur le versant sud d'un muret fleuri.
E. serpyllifolius, autre espèce naine s'implantant sur les rochers, en coussinets vert foncé à petites fleurs nombreuses bleu foncé, isolées.

***Eryngium giganteum,* grand chardon argenté.**

ERIGERON, vergerette

Plantes ressemblant aux asters, à fleurs en général isolées de juin à août. Recherchez les espèces basses ou naines pour la rocaille.

E. aurantiacus, 15 cm de hauteur, jaune d'or.

E. compositus, 10 cm, fleurs blanches.

E. mucronatus (Vittadinia triloba) 20-25 cm, blanc rosé.

E. trifidus, 10 cm, fleurs lilas.

ERITRICHUM

E. rupestre (E. strictum), Himalaya, 10-20 cm de hauteur, floraison bleu ciel de juin à août, jolie plante de montage pour les éboulis et sols rocailleux.

ERINUS

E. alpinus est une petite plante vivace en touffe étalée, à courtes grappes de fleurs rouge rosé, rose lilas ou blanc de mai à août. Elle forme des tapis denses qui s'installent sans difficulté sur les pierres calcaires et dans les fissures. A planter en situation ensoleillée. Assez éphémère, mais se ressème spontanément.

ERYNGIUM, panicaut, chardon bleu

Plante vivace très décorative, pouvant atteindre 80 cm de hauteur, à mettre en valeur dans la rocaille, en sol caillouteux et bien draîné.

E. alpinum, jusque 70 cm de hauteur, fleurs bleu métallique à violet argenté, en juillet-août.

E. bourgatii, 40 cm de hauteur, grandes fleurs bleu foncé entourées de bractées argentées en juillet-août.

E. giganteum, bisannuelle, mais se ressème spontanément. 1-1,2 m, grande plante très décorative, dans les tons de vert argenté, floraison en juillet-août. Utilisée pour les bouquets secs.

ERYSIMUM

Erysimum alpinum et *E. pumilum* sont deux petites plantes vivaces de rocaille, à floraison jaune vif en juin-juillet.

EUPHORBIA, euphorbe

Plantes vivaces à sève laiteuse, toxique, et fleurs insignifiantes, feuillage en coussinets décoratifs vert bleuté.

E. capitulata, Grèce, 3-5 cm de hauteur, formant rapidement un tapis épais. Petites inflorescences jaunes de juin à août.

E. myrsinites, Crimée, jusque 20 cm de hauteur, en coussinets de feuillage décoratif, feuilles vert bleuté, en écailles arrondies ; fleurs jaune en juin-juillet. Persistant.

Hibride de Gentiana hybride.

GENTIANA, gentiane

Les gentianes sont parmi les plus populaires des fleurs des prairies et de montagne. Conviennent pour la rocaille les espèces vivaces plutôt petites, aux fleurs dans des tons de bleu à violet foncé. Les espèces les plus prisées des amateurs de rocaille sont la gentiane acaule, la gentiane printanière et celle à floraison automnale.

Gentiana acaulis, gentiane acaule. Ce nom vernaculaire englobe souvent les espèces *G. dinaria, G. angustifolia, G. clusii* et *G. kochiana* ainsi que leurs hybrides (issus de croisements entre deux espèces différentes). D'un point de vue botanique, on distingue :

Gentiana acaulis (autrefois *G. kochiana),* à grandes fleurs en entonnoir bleu foncé en mai-juin, à dents du calice courtes, et rayures intérieures vert olive. Emplacement : sols acides, non calcaires, humifères et bois clairs de conifères.

G. clusii, feuilles coriaces, raides, fleurs en entonnoir bleu ciel foncé, à dents du calice longues et pointues. Floraison en mai-juin ; tube non rayé ou ponctué à l'intérieur. Emplacement : prairies sur sol pauvre, éboulis. Plante calcicole. A planter dans la rocaille en sol frais, humifère, enrichi en tourbe.

G. verna, gentiane printanière, est l'une de nos plus belles fleurs sauvages. Elle forme des rosettes ; pédoncules de 3-10 cm de longueur ; fleurs bleu foncé lumineux de mars à mai. Emplacement : prairies et alpages humides. A planter dans la rocaille en situation légèrement ombragée, en sol tourbeux et humifère.

G. asclepiadea est une gentiane à floraison automnale (septembre-novembre), d'environ 50 cm de hauteur, à fleurs en clochettes bleu foncé. 'Alba' est une variété à fleurs blanches.

G. septemfida var. *lagodechiana,* 15 cm de hauteur, espèce florifère à floraison estivale (juillet-août) en clochettes bleu vif.

G. farreri, espèce à floraison automnale originaire de l'ouest de la Chine. Feuilles graminiformes, fleurs de près de 10 cm de longueur, bleu ciel, rayées de blanc et jaune extérieurement. Sol frais, humifère, non calcaire.

***Geranium farreri,* un géranium vivace.**

G. sinoornata est une autre gentiane à floraison automnale du sud-ouest de la Chine, de 10-15 cm de hauteur, un peu plus vigoureuse que la précédente, à fleurs bleu mat largement rayées de pourpre et bleu ciel intérieurement. Emplacement : sol frais, acide, non calcaire, bien drainé.

GERANIUM, bec-de-grue

Les espèces naines de géraniums vivaces font beaucoup d'effet dans la rocaille.

G. argenteum, sud des Alpes calcaires, 10-15 cm de hauteur, feuilles à reflets argentés, fleurs roses de 3 cm de diamètre de juin à août, pour situation ensoleillée, en sol caillouteux.

G. dalmaticum, Dalmatie, 10 à 15 cm de hauteur, feuilles réniformes, fleurs soyeuses, roses, en juin-juillet.

G. farreri, ouest de la Chine, 10-15 cm de hauteur, feuilles réniformes, à poils fins, fleurs de 3-4 cm de diamètre, rose pâle, en juin, pour rocaille ou auges fleuries.

G. renardii, Caucase, feuilles typiques, longuement pétiolées, réniformes, à 5 lobes, vert olive. Fleurs blanches veinées de violet en juin. Se plaît en plein soleil, en sol calcaire, bien drainé.

G. sanguineum var. *prostratum,* 10 cm, fleurs rouge pourpre lumineux en juillet-août.

G. subcaulescens 'Splendens' 15 cm de hauteur, fleurs rose carmin foncé en juillet-août.

GEUM, benoîte

Balkans, Asie Mineure.

G. coccineum, plante vivace de 30-40 cm de hauteur, à fleurs en coupe, rouge foncé, de mai à juillet.

G. montanum, 10-20 cm de hauteur, à fleurs en général solitaires ; jaunes, en mai juin. A planter en sol frais mais bien drainé.

GLOBULARIA, globulaire

Plantes de montagne se plaisant en plein soleil et supportant la sécheresse, pour les sols rocailleux et les éboulis.

Globularia cordifolia, globulaire.

C. cordifolia, Europe centrale et méridionale, 5-10 cm de hauteur, inflorescences globuleuses bleues en mai-juin ; bon couvre-sol C. cordifolia 'Alba' a des fleurs blanches.

C. nudicaule, Alpes, Dalmatie, jusque 20 cm de hauteur, buissonnante, inflorescences en boules de 2,5 cm de diamètre, bleues, en mai-juin.

G. repens, Pyrénées, sud-ouest des Alpes, espèce rampante à petites feuilles ovoides et inflorescences bleu clair en mai ; à planter dans les fissures.

G. trochosantha, Asie Mineure, Caucase, couvre-sol intéressant, très résistant, s'étendant par des stolons, floraison généreuse, d'un bleu lumineux, en mai-juin.

GYPSOPHILA, gypsophile

G. aretioides, Perse, jolie petite plante de rocher, en coussinet de 3-5 cm de hauteur, à petites fleurs blanches de juin à août ; à planter dans les fissures ou les trous des roches calcaires.

G. cerastioides, Himalaya, 5-7 cm, plante gazonnante, à fleurs blanches veinées de rose, en cymes lâches, de mai à juillet.

G. repens, Pyrénées, Alpes, 10 cm de hauteur, espèce gazonnante se développant sur les sols caillouteux, les versants rocheux, s'étalant largement sur sol humifère, et couverte de fleurs roses de mai à août. A recommander pour les versants ensoleillés, murets, massifs en terrasses.

HABERLEA

H. rhodopensis, Bulgarie, Grèce. Plante vivace proche du genre

Ramonda, à feuilles vert pâle, larges-lancéolées, simplement dentées et fleurs bleu lilas, en mai. 'Virginalis' est une belle variété à fleurs blanches tachées de jaune.
A planter à mi-ombre ou à l'ombre, en sol humide, de préférence dans les fissures verticales de murets ou rochers exposés au nord ou nord-est, dans un substrat humifère, tourbeux, frais. *Haberlea* et *Ramonda* gagnent à être associées à de petites fougères.

HACQUETIA

H. epipactis est une plante alpine peu courante ressemblant à une euphorbe. Belle plante pour situation fraîche et ombragée par exemple au bord d'un escalier, sous les arbres. Feuilles à 3-5 folioles, fleurs jaunes entourées d'un involucre jaune verdâtre ; hauteur 15-20 cm ; floraison avril-mai.

HELICHRYSUM, immortelle

Asie, Afrique, Australie.

H. milfordiae, l'une des plus jolies plantes de rocaille.
Les rosettes de feuilles argentées, duveteuses, ne dépassant pas 3-5 cm de hauteur. Les grandes fleurs solitaires, presque sessiles, rosées extérieurement, forment des boutons pointus.
Floraison juin-juillet. Ces petits tapis de fleurs de marguerite scintillantes forment un ravissant tableau. Emplacement : si possible légèrement surélevé, sur sol bien draîné, caillouteux, sableux et humifère, avec une exposition sud ou sud-est.
H. thianshanicum, feuilles lancéolées laineuses, fleurs jaunes, en grappes denses, en juin-juillet, hauteur 20 cm. Feuillage aromatique.

HELLEBORUS, hellébore

H. niger, rose de Noël, est une belle espèce à floraison hivernale, de 25 cm de hauteur, dont les fleurs en coupe, blanches traversent la couche de neige dès décembre et jusqu'en

Helichrysum milfordiae, une petite immortelle.

Helleborus niger, la rose de Noël.

mars. 'Praecox' est une variété de 30 cm de hauteur environ, qui fleurit dès octobre, ainsi que la sous-espèce

H. niger ssp. *macranthus* des Alpes du sud. A planter a mi-ombre ou a l'ombre des pins de montagne, associées aux petits cyclamens précoces, perce-neige et hépatiques.

HEPATICA, hépatique

H. acutiloba, feuilles trilobées, velues, fleurs rose foncé en mars-avril, hauteur 10 cm.

H. transsylanica (H. angulosa) feuilles à 3-5 lobes, espèce très florifère, à fleurs bleu pur en mars-avril.

H. nobilis (H. triloba) feuilles trilobées, fleurs d'un bleu violet très lumineux en mars-avril. 'Alba' a des fleurs blanches.

HEUCHERA

H. sanguinea, Plante vivace de 30 cm de hauteur, à feuilles arrondies-en cœur, à 5-7 lobes. De juin à août, longues panicules de petites clochettes rouges. Soleil à mi-ombre, sol frais et humifère. Il en existe des hybrides horticoles de 30 à 80 cm de hauteur pour le soleil ou l'ombre légère.

HIERACIUM, épervière

Europe, Amérique du nord.

H. bombycinum, Espagne, hauteur 15-20 cm, vivace formant des touffes vigoureuses, feuilles blanchâtres duveteuses, inflorescences jaunes en juin-juillet.

***Hepatica nobilis,* l'hépatique.**

H. x. rubrum, hauteur 15-20 cm, inflorescences rouge-orangé en juin-juillet.

H. villosum, 20-25 cm de hauteur, à feuilles couvertes de poils laineux blancs, et sans doute la meilleure espèce pour la rocaille.

H. aurantiacum et *H. pilosella* sont des espèces déconseillées pour les petites surfaces, car envahissantes.

HORMINUM

H. pyrenaicum, Alpes, Pyrénées, hauteur 15-30 cm, feuilles persistantes ridées et fleurs bleu violet de mai à juillet. Se plaît en toutes situations.

HUTCHINSIA, cresson des chamois.

H. alpina, montagnes d'Europe ; espèce montagnarde florifère, de 8 cm de hauteur, à fleurs blanches en ombelles serrées en mai-juin, pour rochers et éboulis.

H. alpina ssp. *auerswaldii,* Espagne ; plus florifère encore, à fleurs blanches, pour fissures humides des rochers.

IRIS, iris nains

Ne plantez dans la rocaille que des espèces naines d'iris. Parmi les plus décoratifs dans la rocaille figurent les petits iris bulbeux, fleurissant en mars, comme *I. danfordiae,* à fleurs jaunes, *I. histrio* lilas bleuté, *I. histrioides,* à fleurs bleu foncé, de 5-8 cm de hauteur, et *I. reticulata,* de 10-20 cm de hauteur, bleu violet. Il faut citer également les petites espèces de la section Evansia, à sépales ornés de crêtes charnues, comme *I. cristata,* de 15 cm de hauteur, à fleurs lilas tendre, de 5 cm de diamètre, en avril-mai, et *I. lacustris,* de 6-12 cm de hauteur, à fleurs bleu clair.

Un iris nain à floraison printanière.

Certains producteurs spécialisés ont des catalogues très fournis qui ne vous laissent que l'embarras du choix.

LEONTOPODIUM, edelweiss

Cette fleur-symbole des plantes alpines paraît souvent indispensable dans la rocaille mais provoque aussi bien des déceptions. Il est pourtant possible de la faire fleurir dans la rocaille aussi bien que sur ses montagnes natales, dans les Alpes et les Carpates.
L. alpinum, l'edelweiss, est originaire d'Asie centrale. Ses fleurs étoilées, argentées et laineuses sont malheureusement de plus en plus rares dans les montagnes, et font maintenant l'objet d'une protection particulière. Cette petite plante ne dépasse pas 15 cm de hauteur. Sa fleur célèbre n'est pas une vraie fleur mais une inflorescence composée de nombreuses petites fleurs entourées de bractées laineuses ressemblant à des pétales. A l'état spontané, l'edelweiss se développe sur les pentes ou parois rocheuses exposées au sud, souvent en association avec d'autres petites plantes alpines. Son emplacement dans la rocaille : en haut du versant sud, dans une fissure ou un éboulis reconstitué, en sol pauvre, pour une floraison de juillet à septembre.

LINARIA, linaire

L. alpina, la linaire des Alpes, est une charmante petite plante d'éboulis. Bien qu'elle se ressème spontanément, elle n'est pas envahissante. Elle forme des coussinets lâches de 5-10 cm de hauteur, à petites feuilles gris-vert, fleurs bleu violet à lèvre inférieure jaune orangé de juin à septembre.

LINUM, lin

L. alpinum, Europe, hauteur 10-30 cm, fleurs bleu pâle de juin à août.
L. austriacum, 15-30 cm, Europe centrale, floraison bleu clair de mai à juillet.
L. elegans, Grèce, jusque 20 cm de hauteur, à feuilles vert olive, fleurs jaunes de 2 cm de diamètre de mai à juillet.
L. flavum, sud-est de l'Europe, hauteur 25-40 cm, fleurs de 2,5 cm de diamètre, jaune vif, de mai à juillet. 'Compactum' est une variété de 15-20 cm de hauteur, qui fleurit de mai à juillet.
L. salsoloides, ouest de Alpes, espèce prostrée, de 10 cm de hauteur, à fleurs blanches.

LYCHNIS

L. alpina, hauteur de 10 à 20 cm, tiges non visqueuses, feuilles lancéolées, fleurs roses de 6-8 mm de diamètre, de juin à août. Emplacement : pentes rocailleuses non calcaires, sur sol frais à humide.
L. x Arkwrightii, hybride de 20-30 cm de hauteur, à fleurs rouge-orangé, éclatant de juin à août, superbe entre les pins nains.

Linum elegans, un lin à fleurs jaunes.

Lychnis alpina.

MATRICARIA, matricaire ou camomille tapissante.

M. oreades est une petite espèce gazonnante portant en juin-juillet de petites fleurs blanches de marguerite sur des tiges de 10-20 cm de hauteur.
M. tchihatchewii, forme des tapis denses (hauteur 10-15 cm) de feuilles vert foncé, finement découpées, et porte de juin à août de jolies petites fleurs de marguerite, blanches à cœur jaune. Se développe facilement au soleil, dans les sols caillouteux, secs.

MERTENSIA

M. primuloides, Himalaya, est une petite plante rare, de 15 cm de hauteur, aux fleurs bleu gentiane en mai-juin, qui se plaît au soleil ou à mi ombre.

MICROMERIA

M. cristata, M. croatisa, et *M. microphylla,* sont de petites plantes d'origine méditerranéenne à feuillage odorant et fleurs blanches ou rouges en juillet-août, pour rochers ou murets secs.

MIMULUS, mimule

M. cardinalis, Amérique du Nord, hauteur 50 cm environ, pour sols secs, à fleurs écarlates longuement pédonculées de juin à septembre.
M. cupreus, Chili, hauteur 5-10 cm, feuilles vert foncé brillant à tiges émettant des racines ; floraison rouge cuivré de juin à septembre. Une superbe plante de rocaille pour les lieux frais à humides, humifères, abrités du soleil.
Il en existe des variétés horticoles à fleurs dans les tons d'orangé à rouge sombre.

MORINA

M. longifolia, Himalaya, hauteur 60-80 cm, est un chardon original dont la hampe florale porte des fleurs blanc rosé en juillet-août.

Mimulus cupreus, petite espèce de 10-12 cm de hauteur, aux fleurs rouge cuivré.

MYOSOTIS

M. alpestris, Alpes, hauteur 10-20 cm, tiges lâches, velues, et fleurs bleues d'avril à juin, parfumées. Pour les coins frais de la rocaille. Il en existe des variétés horticoles, à fleurs doubles notamment.
M. rehsteineri hauteur 3-5 cm, gazonnante, à fleurs bleu clair, lumineuses, d'avril à juin. Demande beaucoup d'humidité au printemps, apprécie même d'avoir les pieds dans l'eau.
M. rupicola, hauteur 10-15 cm, floraison bleu marine en mai. Très joli associé à la floraison jaune de *Doronicum caucasicum.*

NIEREMBERGIA

N. repens, Amérique du sud, hauteur 3-5 cm, petite plante rampante, gazonnante à grandes fleurs blanches (3 cm de diamètre) de juin à septembre. A planter à mi-ombre.

OENOTHERA, oenothère

O. acaulis, Chili, hauteur 10-15 cm, bisannuelle ou vivace, à feuilles étroites lancéolées, dentées et grandes fleurs sessiles blanc-rosé, de juin à septembre, s'ouvrant le soir. A protéger du froid humide.
O. missouriensis, Amérique du nord, hauteur 10-20 cm, port prostré, feuillage vert clair, grandes fleurs jaune clair, jusque 10 cm de diamètre, à floraison nocturne, de juin à septembre. Belle plante de rocaille pour situation ensoleillée.

OMPHALODES

O. cappadocica, 20 cm, feuilles soyeuses, fleurs bleu clair d'avril à juin.

***Oenothera missouriensis,* oenothère.**

O. verna, 10 cm, fleurs bleu lumineux, ressemblant au myosotis, en avril-mai. 'Alba' est une variété blanche. Mi-ombre, sol frais.

ONOSMA

Belles plantes de rocaille, pourtant peu courantes, pour rocailles sèches.
O. alborosea, Asie Mineure, hauteur 20 cm, fines feuilles duveteuses, grisâtres et fleurs blanches teintées de rose en mai-juin.
O. stellulata, sud-est de l'Europe, 15-20 cm, feuilles étroites, velues, grisâtres et fleurs jaune citron en mai-juin. Plein soleil, éboulis calcaires.

ORIGANUM, marjolaine

O. amanum, Syrie, sous-arbrisseau de 10 cm de hauteur, à feuillage dense, couvert en juillet-août de fleurs roses, tubulées, de 3-5 cm, de longueur. Plein soleil, sol caillouteux.
O. vulgare 'Compactum' a une floraison soutenue de juillet à octobre, un feuillage aromatique, des fleurs

rose lilas. Hauteur 15 cm ; plein soleil.

PAPAVER, pavot

P. burseri (P. alpinum), petites feuilles finement découpées, bleu vert. D'avril à septembre, fleurs solitaires dans les tons de jaune ou blanc, sur des tiges de 10-15 cm soyeuses. Plante d'éboulis.
P. nudicaule, pavot d'Islande, feuillage bleuté très découpé, fleurs en coupe d'avril à septembre, jaune d'or, blanc, rose ou rouge, sur des tiges non feuillues de 20-30 cm de longueur. Se plaît en sol caillouteux mais aussi en tout sol de jardin assez frais.

PENSTEMON

Amérique. Les horticulteurs en proposent de plus en plus d'espèces et de variétés. La plupart des espèces sont peu rustiques, à protéger en hiver sous des cloches ou des branchages. Les petites espèces sont plus rustiques que les grandes. On peut recommander pour la rocaille :
P. alpinus, 20 cm, fleurs bleu à rouge violacé.
P. caespitosus, 10 cm, fleurs bleu soutenu.
P. hallii, 20 cm, floraison bleu violet.
P. newberryi, 15-20 cm, fleurs rouge magenta.
P. pinifolius, 20 cm, fleurs rouge brillant. Toutes fleurissent de mai à juillet.

PETROCALLIS

P. pyrenaica, Pyrénées, Alpes. Forme de petits coussinets de 3 cm

***Papaver kerneri,* pavot.**

de hauteur ressemblant aux saxifrages, à petites fleurs lilas pâle et blanches en mai, en grappes serrées. A planter sur sol calcaire, caillouteux, bien draîné, par exemple dans un terrain d'éboulis.

PETRORHAGIA (Tunica)

P. saxifraga, hauteur 20 cm, forme des touffes gazonnantes à longue floraison rose, de juin à septembre. Situation très ensoleillée et sèche. 'Rosette' est une variété à fleurs doubles.

PHLOX

Amérique du nord. Les espèces et variétés naines, tapissantes, sont parmi les plus colorées des plantes de rocaille à floraison printanière, à planter en terre de jardin ordinaire, également sur les murets fleuris.
P. amoena, 20 cm, floraison rouge carmin.
P. douglasii 'George Arends', 5 cm, rose lilas.

P. subulata, 10-15 cm, avec de nombreuses variétés horticoles, comme 'Betty', rose pâle, 'Blues Eyes', bleu lilas, 'Lilacina', rose lilas, 'Temiscaming', rouge carmin et 'White Delight' blanc pur.

PHYTEUMA, raiponce

P. orbiculare, plante alpine de 20-30 cm de hauteur, inflorescences globuleuses bleu violet en mai-juin.
P. scheuchzeri, 20-25 cm de hauteur, inflorescences globuleuses bleu foncé en juin-juillet.

Deux espèces pour sols calcaires, caillouteux, à associer aux graminées ornementales, anémones pulsatilles et lychnis.

POLEMONIUM, bâton de Jacob

P. caeruleum, Europe, jusque 70 cm de hauteur, à belle floraison printanière bleu ciel.

P. reptans, Amérique, hauteur 40 cm, floraison bleu ciel de mai à juillet. Pour situations ensoleillées à mi-ombragées.

Phlox subulata.

POTENTILLA, potentille

P. alba, Europe centrale, 20 cm, feuillage couvre-sol vert foncé ; fleurs blanches d'avril à juin.

P. atrosanguinea, Himalaya, jusque 40 cm de hauteur, feuillage argenté, floraison écarlate en juin-juillet. Sol sableux, bien drainé. Il en existe des variétés dans les tons de jaune à rouge.

P. aurea, potentille dorée, Europe, feuilles palmées vert brillant, velues à la face inférieure. Floraison jaune d'or en mai-juin. Hauteur 10-20 cm. Pour sol frais et tourbeux.

P. fragiformis (P. megalantha) Asie, Alaska, hauteur 20 cm, port rampant, feuilles à 3 folioles soyeuses. Grandes fleurs jaunes d'or en juin-juillet.

P. nitida hauteur 5 cm, en coussinets denses gris argenté, à floraison rose tendre, blanc ou rouge rosé de mai à juillet. L'une des plus jolies plantes alpines qui, malheureusement, est moins florifère en plaine. Éboulis, rochers.

PRIMULA, primevère

Les primevères de montagne sont magnifiques, avec leurs fleurs rouges, jaunes, roses ou violettes s'ouvrant quand fond la neige, et couvrant les rochers de guirlandes fleuries. Parmi les nombreuses espèces des montagnes européennes, seules quelques-unes s'adaptent bien à la plantation en rocaille. Plus nombreuses sont les espèces non originaires d'Europe, la

majorité provenant d'Asie, Himalaya, Tibet et ouest de la Chine.
P. auricula, oreille d'ours, auricule, Alpes, feuilles farineuses, fleurs jaune d'or à anneau blanc, très parfumées, en avril-mai ; hauteur 10-15 cm. C'est une espèce variable selon les régions alpines, mais toujours à floraison jaune clair à foncé.
P. clusiana, feuilles vert brillant, hampe florale jusque 10 cm, fleurs rouge rosé à gorge blanche, en mars-avril. Sol calcaire, rocailleux, humide et pauvre.
P. hirsuta hauteur 10-12 cm, à feuilles dentées, fleurs rose carmin à lilas en avril-mai. C'est l'espèce typique de haute montagne, sur roche primitive, donc calcifuge. Emplacement : rochers, éboulis non calcaires ou mélange terreux à base de terre, tourbe et sable siliceux.
P. intergrifolia, à feuilles courtes, d'environ 1 cm de largeur, hampe de 5 cm de longueur et fleurs rouge violacé en avril.
P. marginata, hauteur 20 cm, feuilles dentées, en rosette, fleurs lilas à anneau blanc. Situation : à l'abri du plein soleil, en terrain calcaire, rocailleux tourbeux.
P. elatior, la primevère farineuse *P. farinosa, P. frondosa,* un peu plus viroureuse que *P. farinosa* sont d'autres belles espèces à floraison printanière pour lieux ombragés et frais.
P. juliae, Caucase, forme un ravissant tapis de 5 cm de hauteur, à fleurs violet foncé.
P. rosae, Himalaya, est peut-être la plus belle espèce. Les grandes fleurs apparaissent avant les feuilles sur une hampe vigoureuse de 10-15 cm de hauteur, dans une teinte rouge corail

Potentilla nitida.

Primula veris ssp. macrocalyx.

très lumineuse, en mars-avril. Elle se plaît en sol humide et humifère.

Il existe d'autres espèces et variétés de primevères pour la rocaille, proposées par les horticulteurs spécialisés. Étudiez les catalogues pour en dénicher de nouvelles ! Ne perdez cependant pas de vue que les primevères demandent un sol frais. Il faut donc enrichir leur emplacement en terre argileuse et tourbe.

PULSATILLA, anémone pulsatille

Fleurissant de mars à juin, les anémones pulsatilles font partie des classiques de printemps pour la rocaille.

Ce sont des plantes vivaces à feuillage finement découpé, à grande fleurs à clochettes dressées ou pendantes, couvertes d'un duvet soyeux. Les fleurs sont suivies de fruits plumeux. Sol rocailleux, draînant.

P. halleri ssp. *slavica,* Carpates, fleurs d'environ 8 cm de diamètre, rougeâtre ou violet pâle.

Primula hirsuta.

P. montana, est de l'Europe, 15-30 cm, fleurs violet foncé.

P. patens, hauteur 15-25 cm, fleurs bleu violet

P. pratensis, jusque 30 cm de hauteur, fleurs violet foncé

P. vulgaris, Europe, 25 cm, fleurs d'un violet plus ou moins foncé.

RAMONDA

Belles plantes de rocaille peu connues, à feuillage persistant, en rosettes de feuilles étalées, ridées, à planter dans des fissures verticales côté nord ou nord-est, dans une terre calcaire et humifère, fraîche.

R. myconii, Pyrénées, rosettes de 20 cm de diamètre, fleurs bleu violacé à étamines jaune clair en mai-juin.

R. nathaliae, sud-est de l'Europe, rosettes de 10-15 cm de diamètre, à fleurs bleu lavande à anneau jaune-orangé au centre, fleurissant avant l'espèce précédente.

RANUNCULUS, renoncule

R. alpestris, renoncule des Alpes, 5-10 cm de hauteur, feuilles vert brillant, fleurs blanches en avril. Situation humide et légèrement ombragée, dans les éboulis calcaires.

R. bulbosus, 20 cm, fleurs jaune vif, pleines, doubles, de juin à août.

R. gramineus, hauteur 30 cm, fleurs simples, jaune d'or, en mai-juin.

R. montanus, 10 cm de hauteur, feuilles d'un vert lumineux, floraison jaune de mai à septembre.

SAPONARIA, saponaire

Petites plantes de rocaille formant des coussinets fleuris de mai à août.

S. ocymoides, hauteur 20 cm, rose carmin, très florifère, 'Alba' est une variété à fleurs blanches.

S. x olivana très bel hybride formant de larges tapis à fleurs sessiles rose soutenu. L'hybride 'Bressingham' est plus beau encore, à fleurs sessiles rose lilas à œil blanc.

SAXIFRAGA, saxifrage

Genre très vaste, dont la plupart des espèces sont des plantes saxatiles, typiques de la haute montage. Elles sont très prisées des amateurs de rocaille pour l'originalité de leur feuillage, la beauté de leurs fleurs. Préparez-leur des emplacements appropriés sur les pierres, dans les fissures ou les murets, mais aussi dans des endroits ombragés et humides. Les saxifrages sont divisés en plusieurs sections regroupant des espèces aux mêmes exigences.

• Saxifrages mousses, section *Dactyloides*

Ils forment des coussinets moussus, à feuillage persistant, et se plaisent en situation ombragée et fraîche, en compagnie des primevères, violettes, rhododendrons nains. Les plus populaires sont les hybrides *S. x Arendsii,* issus de croisements entre plusieurs espèces de cette section. *S. hypnoides, S. tenella* et *S. trifurcata* sont des espèces intéressantes également.

• Saxifrages custacées, section *Euaizoonia.*

Ces espèces forment des rosettes persistantes de feuilles étroites-ovales, en général vert argenté, avec de petites incrustations calcaires sur les bords. Panicules blanches très décoratives, de 10-30 cm de longueur. A planter

***Saponaria x olivana,* une petite saponaire.**

en sol frais et caillouteux, exposé au sud, dans les éboulis ou directement sur les rochers.

S. aizoides, S. paniculata (S. aizoon) et leurs variétés, *S. cochlearis, S. cotyledon, S. crustata, S. hostii, S. longifolia* sont toutes de belles plantes dignes des rocailles.

• Sections *Kabschia* et *Engleria.*

Les espèces de la section *Kabschia* se distinguent par leurs petites feuilles raides, en coussinets persistants de 1-3 cm de hauteur. Fleurs solitaires ou par 2-3, sur des pédoncules courts, blanches, jaunes, roses ou rouges.

Les espèces de la section *Engleria* ont des feuilles en général gris-vert, un peu plus larges et plus longues et forment des rosettes plates. Inflorescences en épis, de 3-4 cm de longueur très décoratifs, jaunes, rouges ou roses.

Les fleurs des saxifrages de la section

Saxifrages de la section Kabschia, se développant directement sur les rochers.

Kabschia s'ouvrent dès les premiers rayons de soleil printanier. Presque tous sont des plantes calcicoles. Plantez-les non en plein soleil, mais au nord ou nord-est, directement dans les fissures et creux des rochers. Ils redoutent l'humidité stagnante. Dans ces deux sections, le choix d'espèces et hybrides est vaste, et tous sont intéressants pour la rocaille.

• Saxifrages d'ombre, section *Robertsonia*

Ces espèces et variétés forment des coussinets denses qui confluent rapidement. A planter à mi-ombre, en sol frais ; bons couvre-sol, notamment *S. cuneifolia, S. x geum, S. hirsuta, S. umbrosa* et bien d'autres.

• Saxifrages nains, de haute altitude ou latitude, section *Prophyrion*

Forment des rosettes étalées, denses, persistantes, de feuilles opposées, très

Saxifraga x hoerhammeri.

petites, coriaces. Fleurs à pédoncule court. A planter dans les fissures humides, exposées à l'est ou nord-est, en sol gravillonneux peu calcaire. *S. murithiana, S. oppositifolia, S. oppositifolia* 'Splendens' sont de belles formes à fleurs rouges. *S. oppositifolia* 'Alba' à fleurs blanches.

SCABIOSA, scabieuse

Plantes vivaces à inflorescences bombées à semi-sphériques.
S. caucasica, 40 cm, violet pâle.
S. alpina, (S. japonica var. *alpina),* 20-30 cm, lilas.
S. graminifolia, 40 cm, rose.

SCUTELLARIA, scutellaire

Plante facile à cultiver, à floraison estivale, en grappes de belles fleurs labiées.

Scutellaria orientalis, une scutellaire originaire des Balkans.

S. alpina, 20-30 cm, fleurs blanc violet de juin à août.
S. baicalensis, 30 cm, fleurs lilas.
S. orientalis, 15 cm, fleurs jaunes de juillet à octobre.

Toutes à planter sur le versant sud de la rocaille.

SEDUM, orpin

Vaste genre comptant de nombreuses belles espèces et variétés, tapissantes à moyennes, au feuillage charnu décoratif, à planter dans les murets, joints des murs, dans les éboulis ou sur les rochers, en situation ensoleillée. Floraison estivale. Consultez les catalogues pour faire votre choix.

SEMPERVIVUM, joubarbe

Autre genre de plantes grasses vivaces, à feuillage en rosettes épaisses, qui s'étalent par des stolons et forment ainsi de vastes tapis. Floraison en juin-juillet, en général rose ou jaune De culture facile, ils se plaisent dans les murets fleuris, les fissures et les creux des rochers, dans les cailloux comme sur les toits. Les quelque 30 espèces ont donné naissance à de nombreux hybrides, souvent plus prisés que les espèces botaniques.

Sempervivum montanum.

Parmi celles-ci, on peut recommander notamment :

S. arachnoideum, jourbarbe toile d'araignée, 4-12 cm, petite, hémisphérique, vert brunâtre à rouge. De longs filaments blanc argenté ressemblant aux toiles d'araignée sont tendues entre les feuilles. Floraison rouge rosé.

S. montanum, rosettes de 3-4 cm, hampe florale de 5-8 cm de hauteur, fleurs rouge sombre.

S. tectorum, joubarbe des toits, rosettes de 20 cm de diamètre, à stolons rougeâtres.

S. wulfenii espèce de terrain non calcaire, à rosettes de 4-5 cm, gris-vert, hampe florale de 15-20 cm de longueur, fleurs étoilées, tachées de pourpre.

SENECIO, séneçon

S. abrotanifolius, sud et est des Alpes, hauteur 20-30 cm, feuilles vert clair, finement divisées, fleurs jaune orangé clair par 2-3, en juin-juillet. La sous-espèce *tirolensis* est plus décorative, plus compacte, orangée en juin-juillet. Une jolie fleur "sauvage" pour la rocaille.

SILENE

Silene acaulis, aux coussinets parsemés de fleurs sessiles rose foncé est bien connu des amateurs de marche en montagne ; malheureusement moins florifère en plaine. Planté directement sur des rochers en tuf, il donne cependant une belle floraison en juin-juillet.

S. elisabethae (Melandrium elisabetha) sud des Alpes, hauteur 10-

Senecio abrotanifolius ssp. tirolensis.

Silene elisabethae.

20 cm, forme des rosettes de feuilles à bord duveteux, portant plusieurs tiges florales. Grandes fleurs (4-5 cm de diamètre) rose pourpré en juillet-août. Se plaît en sol calcaire, rocailleux, légèrement abrité du soleil.

SOLDANELLA, soldanelle

Très jolie plante de montagne, typique, malheureusement très délicate en plaine ! L'espèce la plus robuste est *S. montana,* typique des forêts d'altitude, de 10-15 cm de hauteur, à

***Soldanella carpatica,* soldanelle.**

feuilles arrondies à réniformes, jusque 6 fleurs par tige, en clochettes pendantes, frangées, bleu mauve ; floraison de la fonte des neiges au mois de mai.
Situation ; mi-ombre à ombre, sol non calcaire, en association avec hépatiques et petites fougères.

THLASPI

Petites plantes d'éboulis, à feuilles en rosettes basales, fleurs blanches ou roses.

T. alpinum, 10 cm, fleurs blanches en mai-juin.

T. montanum, 10 cm, fleurs blanches en avril-mai.

T. stylosum, 5 cm, fleurs lilas en avril-mai, en général bisannuel, mais se ressème spontanément.

THYMUS, thym

Plantes couvre-sol au feuillage très parfumé. Évitez cependant les espèces trop vigoureuses qui pourraient aller étouffer les plantes voisines.

T. citriodorus, hauteur 20 cm, port dressé, à feuillage dégageant un parfum de citron. Fleurs rose lilas en juin-juillet. A protéger en hiver.

T. doerfleri, coussinets touffus, étalés, de 5 cm de hauteur, à fleurs roses en juin-juillet.

VERBASCUM, molène

Plantes d'aspect remarquable, la plupart bisannuelle, à grandes feuilles duveteuses grisâtres et très longues inflorescences en épis, jusque 2 m, très décoratives. Floraison de juin à août.

V. bombyciferum, 1,8 m, fleurs jaune soufre.

V. dumulosum, hauteur 30 cm, jaune d'or à étamines violettes.

V. phoenicium, hauteur 40-60 cm, fleurs violet pourpré.

Verbascum, molène.

V. nigrum, 1,5 m de hauteur, fleurs jaune clair.

VÉRONICA, véronique

Encore un genre très important, qui compte des espèces naines ou rampantes, se plaisant en sol rocailleux, très bien drainé, des pentes sud de la rocaille.

V. caespitosa, Grèce, coussinets denses de 7 cm de hauteur, à fleurs bleu lumineux en mai-juin.

V. cinerea, Asie Mineure, hauteur 15 cm, en touffes lâches ; fleurs bleu clair en juin-juillet.

V. filiformis, Asie Mineure, espèce tapissante (7-8 cm), à tiges couchées s'enracinant, et floraison bleu tendre en avril-mai.

V. gentianoides, 30 cm, grandes rosettes de feuilles vert foncé ; fleurs bleu clair en mai-juin.

V. rupestris (V. prostrata), Europe, Asie, hauteur 10 cm, fleurs bleu soutenu, en mai-juin ; il en existe des variétés à fleurs blanches ou roses.

V. spicata, 30-40 cm de hauteur, floraison en longs épis bleu en juillet.

VIOLA, violette

Genre très connu, comptant de très nombreuses espèces de petites plantes herbacées bisannuelles ou vivaces, que l'on peut distinguer en deux catégories, à fleurs de pensées et à fleurs de violettes.

Viola bertolonii.

Plantes à port en rosette, émettant ou non des stolons, à feuilles alternes, fleurs solitaires à 5 pétales.

• à fleurs de pensées : sur les

Viola 'Wockei' une petite variété très décorative.

5 pétales, 4 sont dirigés vers le haut, le dernier vers le bas (en général jaune). Floraison de mai à septembre.

V. alpina, grandes fleurs violettes ; mi-ombre, éboulis calcaires sur sol humifère.

V. bertolonii, hauteur 20 cm, grandes fleurs bleu violet de mai à septembre, belle espèce pour la mi-ombre.

V. calcarata, fleurs violet foncé à œil central jaune, floraison de mai à juillet ; se plaît en sol caillouteux et humifère, à mi-ombre.

Viola calcarata.

V. cornuta, jusque 25 cm de hauteur, fleurs bleu lavande ; il en existe des variétés à fleurs jaunes, blanches, violettes.

V. gracilis, hauteur 10 cm, fleurs pourpre foncé d'avril à juin ; formes à fleurs jaunes également.

V. stojanowii, 10 cm de hauteur, fleurs jaunes, à long pédoncule, en mai-juin.

• à fleurs de violettes : sur les 5 pétales, les deux pétales latéraux, du milieu, sont écartés. Les fleurs mesurent rarement plus de 2,5 cm de diamètre ; floraison de mars à juin.

V. alba sans stolons, fleurs blanches, en avril-mai ; mi-ombre à ombre.

V. dissecta var. *chanensis,* Japon, hauteur 12 cm, feuilles divisées, fleurs blanc rosé ; sol tourbeux et humifère, à mi-ombre.

V. odorata, (violette odorante) hauteur 5-10 cm, émet de nombreux stolons, fleurs de 1,5-2 cm de diamètre, parfumées, violet foncé, pour la mi-ombre.

V. 'Wockei', hauteur 20 cm, fleurs rouge violet d'avril à juin. La plupart des espèces et variétés de *Viola* ne sont que bisannuelles, ou cultivées comme telles.

WULFENIA

W. carinthiaca, Alpes, Balkans, hauteur 20-30 cm, fleurs violet foncé, de 12-15 mm, en tube campanulé, groupées en épis denses. Floraison en mai-juin. Situation : sol frais à humide, humifère.

Viola tricolor.

PLANTES BULBEUSES

ALLIUM, ail

Plantes herbacées à bulbe tuniqué, glabre, dégageant une odeur d'oignon ou de ciboulette. Inflorescences sphériques ou en ombelles.

A. cyaneum, ouest de la Chine, hauteur 15-20 cm, petites inflorescences bleu-ciel en mai-juin.

A. flavum, hauteur 30 cm, floraison jaune pâle de juin à août.

A. flavum 'Minus' est une variété naine d'environ 10 cm de hauteur.

Allium narcissiflorum, une petite espèce d'ail à fleurs de narcisse.

A. moly, hauteur 20-30 cm, à inflorescence solitaire jaune d'or, remarquable, en mai-juin.

A. narcissiflorum, hauteur 20-30 cm, feuilles linéaires, basales et fleurs en clochettes rose pourpré, de 2 cm de longueur, groupées par 3-6, très décoratives.

A. insubricum, ressemble à *A. narcissiflorum,* fleurs pendantes en mai-juin. Deux belles espèces à planter à mi-ombre en sol humifère et caillouteux, calcaire.

A. oreophilum (A. ostrowskianum), Turkestan, hauteur 10-20 cm, fleurs rose carminé en mai-juin.

A. sphaerocephalon, Bassin méditerranéen, feuilles d'environ 20 cm de longueur, hampe florale de 30-60 cm, terminée en ombelle globuleuse de 3 cm de diamètre, rouge carmin en juillet-août.

ARUM

Plantes vivaces à feuillage décoratif, pour l'ombre ou la mi-ombre, en sol sec ou frais ; floraison avril-mai.

A. italicum, arum d'Italie, hauteur 15-60 cm, feuilles en forme de fer de lance, à taches claires ; spathe blanc verdâtre, rougeâtre au bord et spadice jaunâtre, moitié moins long que la spathe ; fruits rouge écarlate. A protéger du froid en hiver.

A. maculatum, arum tacheté ; feuilles vert foncé tachées de blanc, spathe vert blanchâtre et spadice jaunâtre ; fruits rouge corail brillant (toxiques). Supporte une situation enso-

***Arum maculatum*, l'arum tacheté, ici avec ses baies rouge corail.**

leillée en sol calcaire, caillouteux, bien drainé.

CHIONODOXA

Très jolies plantes bulbeuses à floraison précoce ; fleurs bleues étoilées, à associer aux perce-neige et crocus.
C. sardensis, 10 cm, fleurs bleu gentiane, très lumineuses.
C. luciliae rosea, 10-15 cm, fleurs rose violacé clair.

COLCHICUM, colchique

Petites plantes bulbeuses fleurissant en général à l'automne, quand les feuilles ont disparu. Les feuilles se développent au printemps, autour de

***Colchicum* 'Waterlily', une colchique à floraison d'automne.**

la capsule contenant les graines. Le feuillage meurt au début de l'été, quand murissent les graines. Plantation en été, en tout coin de la rocaille.
C. autumnale, crocus d'automne, 15 cm, fleurs en entonnoir rose lilas en septembre-octobre, pour les lieux humides. 'Album' est une variété à longues fleurs blanc pur.
C. speciosum var. *bornmuelleri,* 20 cm, très grandes fleurs lilas rougeâtre et blanc.
C. agrippinum (C. bulbocodium), floraison printanière, violet pourpré, en mars-avril.
C. x 'Waterlily', hybride de *C. speciosum,* grandes fleurs doubles rose vif ressemblant aux nénuphars, en octobre-novembre ; hauteur 20 cm, pour sol frais.

CROCUS

Chacun connaît les crocus annonciateurs du printemps. Ce genre comprend de nombreuses espèces, dont certaines à floraison d'automne, aux fleurs colorées jusqu'en novembre. On distingue des variétés horticoles à grandes fleurs les espèces botaniques, très décoratives également. A associer dans la rocaille aux perce-neige, éranthes, bruyères à floraison hivernale pour créer des tapis colorés.
Les crocus à grandes fleurs, à floraison précoce existent dans des tons de jaune, bleu, pourpre, violet, rayés et blanc.

- Espèces à floraison printanière :
C. ancyrensis, jaune orangé ; *C. flavus (C. aureus)* jaune orangé ; *C. angustifolius,* jaune d'or, brun à l'extérieur ; *C. chrysanthus,* nombreuses variétés ; *C. etruscus,* bleu

Crocus 'White Swann',
variété à floraison très précoce.

Crocus aureus.

lavande, gris bleu extérieurement ; *C. imperati,* jaune rayé de brun, nombreuses variétés ; *C. sieberi,* bleu ciel ; *C. tommasinianus,* lilas à gorge blanche.
• Espèces à floraison automnale : *C. medius,* lilas ; *C. sativus,* (safran), bleu pourpré foncé ; *C. speciosus,* bleu ; *C. speciosus* 'Albus', à fleurs blanches. Plantez-les à 10 cm de profondeur, en groupes d'au moins 10.

CYCLAMEN

Les petits cyclamens sauvages demandent une situation légèrement ombragée en sol frais, calcaire, dans une terre humifère enrichie en gravier calcaire. Enterrez les tubercules à 5 cm environ et paillez le sol avec de la tourbe et des aiguilles de pin en hiver. Les cyclamens se marient particulièrement bien aux conifères nains et perce-neige.
C. coum feuilles arrondies-réniformes, fleurs rose carminé vif, rouges ou blanches (selon la variété), hauteur 10 cm, floraison en février-mars.

C. hederifolium (C. neapolitanum) feuilles ressemblant au lierre, persistant en hiver ; floraison rose en septembre-octobre ; à planter un peu plus profond.

C. europaeum (C. purpurascens), feuilles vert foncé, rougeâtres à la face inférieure ; fleurs rouge rosé, parfumées, d'août à octobre.

ERANTHIS, aconit d'hiver, éranthe

Petit bulbe à floraison très précoce.
E. cilicica, feuilles finement découpées, brunes lorsqu'elles se déploient ; fleurs jaune soutenu en mars.

E. hyemalis, feuilles palmées, se développant après les fleurs ; hauteur 10 cm ; fleurs jaunes en février-mars ; à planter en sol très frais ou à mi-ombre.

FRITILLARIA, fritillaire

F. meleagris, œuf de pintade ou fritillaire à damiers, feuilles étroites, fleurs blanches à damiers pourprés, jusque 30 cm de hauteur. Floraison en avril-mai ; sol frais. Plantez les bulbes à 10 cm de profondeur. Variétés horticoles à fleurs blanches, pourpré foncé et rouge violacé.

GALANTHUS, perce-neige

G. elwesii, perce-neige à grandes fleurs, hauteur 20 cm, grandes fleurs à segments externes, blancs, internes verts, en février-mars.

G. nivalis hauteur jusque 15 cm seulement, à planter en terrain frais à mi-ombre.

Eranthis hyemalis, aconit d'hiver.

Galanthus nivalis, le perce-neige.

Lilium pomponium.

LILIUM, lis

Les espèces sauvages de lis peuvent être plantées en arrière-plan de la rocaille, devant et entre de petits conifères.
Plantes vivaces à bulbes en écailles ; très belles fleurs, en entonnoir ou à pétales enroulés en arrière, à étamines pro-éminentes. Floraison en mai-juin.
L. bulbiferum, hauteur 30-90 cm ; fleurs par 1-5, de 10 cm de diamètre, orangé vif à taches brunes, portant des bulbilles à l'aisselle des feuilles.
L. bulbiferum ssp. *croceum,* le lis orangé, ne produit que rarement des bulbilles et les ponctuations sombres des pétales sont plus nombreuses.
L. carniolicum, hauteur 20 à 90 cm, fleurs solitaires, en turban, rouge sombre tacheté de noir.
L. martagon, lis martagon, hauteur 80 cm, fleurs en turban, rouge lie-de-vin ponctué de brun.
L. pomponium, hauteur 20-60 cm, fleurs par 3-8, rouge écarlate ponctué de noir. A planter à l'abri du soleil en sol calcaire.

MUSCARI

Plantes bulbeuses à floraison printanière, à feuilles charnues et grappes serrées de petites fleurs en général bleues, en avril-mai.
M. armeniacum, 15 cm, fleurs bleu colbalt foncé, à liséré blanc au bord.
M. botryoides, hauteur 15 cm, bleu ciel. 'Album' est une variété à fleurs blanc pur.
C. comosum 'Plumosom' (ou 'Monstrosum'), hauteur 40 cm, fleurs bleu rougeâtre à étamines bleu violet.

***Muscari armeniacum*, jolie plante bulbeuse à floraison printanière.**

NARCISSUS, narcisse

Les narcisses font partie des fleurs printanières les plus populaires. Leurs fleurs jaunes, blanches, blanches et jaunes sont le plus souvent solitaires, parfois en ombelles. Choisissez pour la rocaille les espèces botaniques naines et leurs variétés telles que :

N. bulbocodium, hauteur 10-15 cm.

N. cyclamineus, narcisse à fleurs de cyclamen, 10-15 cm.

N. jonquilla, petite jonquille, et ses variétés très parfumées.

N. triandrus, et ses variétés.

Plantez les bulbes de narcisses à 10 cm de profondeur, directement dans la rocaille, ou bien dans des pots de 8 cm de diamètre que vous enterrerez dans la rocaille au plus tard à la mi-novembre. Sortez les pots après la floraison pour les conserver, toujours enfoncés en terre, dans un coin ombragé du jardin.

Rempotez les bulbes, à l'automne suivant, dans un mélange enrichi en sable avant de les remettre en place dans la rocaille. Il est préférable d'arracher les bulbes plantés en pleine terre tous les 3-4 ans pour diviser les touffes et les changer d'emplacement.

Narcissus bulbocodium,
petite narcisse botanique.

PUSCHKINIA

P. scilloides, hauteur 20 cm, feuilles larges-lancéolées, fleurs bleu clair rayé de blanc, en grappes, ressemblant aux jacinthes. Ravissants petits bulbes à floraison printanière, qui se ressèment facilement sans devenir envahissants. A multiplier par séparation des bulbilles en août ou par semis.

SCILLA, scille

Jolies plantes à floraison printanière.
S. amethystina (S. hispanica), hauteur 30 cm, fleurs en clochettes bleu vif en avril-mai.
S. peruviana, hauteur 30 cm, inflorescences composées de très nombreuses petites fleurs bleu clair, étoilées ; floraison en mai-juin.
S. sibirica, 10 cm de hauteur seulement, à belles fleurs bleu lavande en mars-avril. Il en existe une variété à fleurs blanches.

TULIPA, tulipe

Retenez pour la rocaille les plus belles petites tulipes botaniques. Elle s'associent sans difficulté à tous les

Tulipa tarda.

petits bulbes à floraison printanière, permettant de réaliser des tableaux très colorés. Floraison en avril-mai.

T. aucheriana, 8 cm, fleurs rose foncé.

T. batalinii, hauteur 15 cm, fleurs jaune pâle, d'un jaune plus soutenu au milieu.

T. clusiana, hauteur 20-25 cm, fleurs rose carminé, blanches à l'intérieur ;

T. clusiana var. *chrysantha* hauteur 15 cm, fleurs jaune citron, teintées de rose à l'extérieur.

T. eichleri (T. persica) fleurs rouge sombre à tache centrale noire, ponctuée de jaune ; hauteur 30 cm.

T. fosteriana 'Gold Beater', hauteur 30 cm, fleurs jaune d'or.

T. fosteriana 'Mme Lefeber', rouge vermillon ponctué de noir.

T. kaufmanniana, hauteur 20 cm, fleurs blanc crème teintées de rose ; les hybrides de *kaufmanniana,* à fleurs blanches, jaunes roses ou rouges, sont très belles également.

Tulipa pulchella 'Violecea'.

T. pulchella, 10 cm, fleurs rouge-mauve foncé ; 'Humilis', à fleurs rose violacé.

T. tarda, 10 à 15 cm de hauteur, 3-5 fleurs par bulbe, blanches à œil jaune, très belle espèce naine.
Vous trouverez d'autres espèces et variétés de petite taille dans les catalogues des bulbiculteurs.

GRAMINÉES RUSTIQUES

Carex buchananii.

Carex montana.

La famille des graminées regroupe des milliers d'espèces différentes. Choisissez pour la rocaille des espèces vivaces, rustiques, dont le feuillage ornemental s'harmonise et complète les floraisons des plantes vivaces ou arbustes nains.

AGROSTIS

A. alpina, hauteur 15-20 cm, graminées à feuillage léger.

ALOPERCURUS, vulpin

A. lanatus, vulpin laineux, graminée naine couverte d'un feutrage blanc, de 5-10 cm de hauteur, originaire des montagnes d'Asie Mineure ; espèce de rochers, à planter en situation très sèche, en plein soleil.

CAREX, laiche

C. baldensis, hauteur 10-25 cm ; touffes gris-vert à épis blanchâtres ; très jolie en sol rocailleux, pas trop sec.

C. buchananii, Nouvelle-Zélande, hauteur 30-50 cm, formant des touffes lâches de feuilles fines, brun-rouge, arquées. Elle paraît desséchée au printemps et en été. En hiver, au contraire, ses feuilles raidies par la glace lui donnent des reflets argentés. A associer à *Erica carnea,* la bruyère des neiges.

C. firma, hauteur 5-20 cm, en petites touffes arrondies, feuilles courtes, raides. Emplacement : rochers, éboulis ; comme couvre-sol également.

C. montana, hauteur 20 cm, croissance vigoureuse ; rhizome noueux formant des touffes aplaties ; feuilles fines, arquées ; belle teinte brunâtre en automne. Epis jaune ocre.

C. ornithopoda 'Variegata', feuilles étroites, retombantes, rayées de blanc crème, en touffes denses de 15 cm de hauteur, pour situation fraîche à humide.

FESTUCA, fétuque

F. alpina, fétuque alpine, 10 à 20 cm de hauteur, feuilles très fines, en jolies touffes vert frais.

F. glacialis, fétuque des glaciers, 10-15 cm, à feuilles tendres, vert pâle, formant des coussinets qui fusionnent progressivement. Belle espèce pour recréer des scènes de haute altitude. A associer de préférence aux plantes de montagne tapissantes, dans les pierres et éboulis.

F. glauca, fétuque bleutée, hauteur 15-20 cm, en touffes denses de belles feuilles bleutées. A planter en groupes, en isolée ou entre des plantes vivaces.

F. punctoria, hauteur 10 15 cm, feuilles coriaces, raides, gris-vert.

F. valesiaca 'Glaucantha', 10-20 cm de hauteur, feuilles fines, bleu-vert ; pour situation sèche et ensoleillée.

FOUGÈRES RUSTIQUES

Le nom des fougères évoque des scènes romantiques de sous-bois ombragés, de parois rocheuses humides, de vieilles souches envahies par les

Festuca glauca, la fétuque bleue, a un beau feuillage bleuté.

mousses, de sols de forêts riches en champignons odorants.
Les fougères sont des végétaux un peu mystérieux, ne serait-ce que par la façon dont leurs frondes élégantes, souvent finement découpées, se déroulent au printemps. Elles offrent, pour la plupart à l'automne, des teintes chaudes et colorées. Mais il existe aussi des espèces de fougères qui supportent la sécheresse et se plaisent au soleil, dans des rochers et les éboulis.

Installez les fougères qui recherchent l'ombre sur la face nord de la rocaille ou des murets, aux côtés des *Ramonda, Haberlea* et soldanelles, par exemple entre deux pierres bien humides. Donnez-leur un substrat proche de la litière forestière de leur habitat naturel, à base d'écorce décomposée, de terreau de feuilles et de tourbe. Vous pouvez aussi les planter dans un mélange de tourbe brune et compost bien décomposé.

Fougères pour l'ombre

ASPLENIUM, doradille

A. trichomanes, hauteur 10-15 cm, feuillage persistant, à pétioles brun foncé.

A. viride, 10 cm de hauteur, pétioles verts.

BLECHNUM

B. spicant, hauteur 30 cm ; frondes peu divisées, persistantes. Pour terrain non calcaire, enrichi en tourbe brune et litière de conifères.

CYSTOPTERIS

C. bulbifera, 40 cm environ, croissance vigoureuse, longues frondes étroites.

C. fragilis, frondes de 10-70 cm de longueur, en touffes, espèce typique de rocher.

MATTEUCIA

M. struthiopteris (Struthiopteris germanica), fougère d'Allemagne, fougère plume-d'autruche ; très belle espèce d'ombre, à deux types de frondes, les frondes stériles vertes et les frondes fertiles de 60-80 cm de longueur, brunes, ressemblant à des plumes d'autruche. Pour les coins frais et ombragés, en plantation de groupes.

***Matteucia struthiopteris,* la fougère plume-d'autruche.**

Des fougères en plantation d'accompagnement.

PHYLLITIS

P. scolopendrium, scolopendre, langue de cerf, *(Scolopendrium vulgare)* espèce typique des forêts d'altitude et des gorges humides, hauteur 20-30 cm, frondes persistantes vert vif. A planter sur une paroi rocheuse exposée au nord, calcaire et humide.

Fougères pour situation ensoleillée ou légèrement abritée du soleil.

ASPLENIUM, doradille

A. ruta-muraria, 3 à 5 cm de hauteur, se plaît en situation sèche, ensoleillée ou légèrement ombragée, dans les murets et fissures.

A. septentrionale, hauteur 10-15 cm, frondes persistantes, coriaces. Espèce calcifuge, pour roches non calcaires.

CETERACH

C. officinarum, frondes de 10-20 cm de longueur, se plaît en situation sèche, dans les rochers calcaires ou en terrain caillouteux et humifère, et donc espèce intéressante pour le versant ensoleillé de la rocaille.

Rocaille élaborée autour de dalles de granit.

printemps. On peut également procéder aux plantations à l'automne, notamment pour les conifères et plantes vivaces vendus en conteneur. Vous pouvez dans ce cas faire votre choix sur place dans une pépinière ou jardinerie proposant un bon choix de plantes de rocaille.

En règle générale, plantez dans la rocaille les espèces ou variétés de plantes herbacées par 3 au moins. Elles forment ainsi de plus grosses touffes et font donc plus d'effet.

Ne plantez cependant pas trop serré, afin que chaque touffe puisse se développer individuellement. Les meilleures places sont occupées par les espèces colonisant fissures des rochers et éboulis, comme saxifrages, petites campanules... Si vous ne disposez pas encore de ces plantes, laissez des emplacements libres pendant que vous procédez à d'autres plantations. Si les plantes vous sont expédiées, déballez-les dès réception et arrosez copieusement si besoin est. Pour les sujets livrés en pot, complétez avec de la terre les pots partiellement vidés dans le transport. Dans le cas où vous ne les plantez pas aussitôt, par exemple dans l'attente d'autres livraisons, mettez en pot les sujets livrés en motte, et veillez à répondre à leurs besoins spécifiques (ombre, soleil, humidité du mélange, ...). Installez les pots de préférence à l'abri du soleil de la mi-journée. Dressez une liste alphabétique de toutes vos acquisitions. Préparez pour chaque espèce ou variété une étiquette où vous inscrirez son nom au feutre indélébile. Si, par exemple, vous plantez une gentiane, *Gentiana acaulis,* enfoncez l'étiquette dans le sol à côté de la touffe, de façon à ce que le nom demeure bien lisible, et orienté vers le nord. L'écriture pâlit en effet moins vite côté nord que côté sud. Si vous attendez des livraisons importantes de plantes, assurez-vous que vous disposez, pour les travaux de plantation ou rempotage, de réserves suffisantes de terre végétale, tourbe, compost, sable calcaire et siliceux. La majorité des plantes de rocaille se contentent d'un mélange standard, à base de terre humifère ou compost, tourbe et sable à parts égales. Entreprenez la plantation des espèces alpines de préférence par temps couvert ou pas trop ensoleillé. Selon les besoins des espèces, il est encore temps d'apporter quelques modifications au mélange de plantation. Pour les plantes d'éboulis, incorporez un peu de gravier à la couche de plantation si vous ne l'avez pas encore fait. Après la plantation étalez une bonne couche de galets ou graviers en surface du sol. Vous améliorez ainsi le drainage et limitez les risques d'attaque de pourriture au niveau du collet des plantes sensibles. Procédez à un bon arrosage après la plantation. N'utilisez pas un simple tuyau d'arrosage mais un bon arrosoir. Surveillez ensuite régulièrement l'état et le développement de ces nouvelles venues dans le jardin, maintenez le terrain bien humide au printemps en arrosant, quand besoin est, avec un jet aussi doux que possible.

Les échanges de plantes sont un autre moyen d'acquérir des végétaux pour la rocaille. Le plus simple, pour échanger plantes, expériences et "trucs de culture", est de faire partie d'une association d'amateurs. En prévision de ces échanges, ayez toujours quelques plantes en réserve, conservées en pot. Des visites réciproques dans les rocailles d'amateurs donnent à chacun de nouvelles idées sur la construction de la rocaille, la culture des espèces alpines, leurs origines...

Le principal intérêt des visites de jardins botaniques ou jardins alpins, outre l'étude de leur agencement, est d'y découvrir des plantes que l'on ne connaît pas encore. Peu à peu se dessinent de nouvelles possibilités, des

Rocher en tuf avec saxifrages et Edraianthus.

prévisions de plantation, amélioration ou transformation de la rocaille.

ENTRETIEN

A l'échelle de la rocaille dans un jardin, il est difficile, au moins pour ce qui est des chutes de neige en hiver, de parler de différence significative entre les versants nord et sud. La rocaille doit être protégée, au nord comme au sud ou à l'ouest, des fortes gelées, en couvrant de branchages de conifères au moins les espèces sensibles sur la face sud, du fait du risque simultané de dessèchement.

Au printemps, toutes les plantes de montagne, y compris celles d'éboulis ou de rochers, demandent une forte humidité. Il suffit de penser à l'humidité apportée "in situ" par la fonte des neiges. A cette période, de nombreuses plantes ont les pieds dans l'eau ou percent la couche de neige ramollie par le soleil printanier pour montrer leurs fleurs. Les espèces sensibles à l'humidité, comme les plantes d'éboulis, ne risquent rien, même en cas de fonte importante ou de rigoles d'eau dans la rocaille, si elles ont été plantées dans un terrain parfaitement draîné, enrichi en sable

Pulsatilla vulgaris, l'anémone pulsatille.

et gravier. Les espèces qui recherchent au contraire l'humidité, plantées dans un mélange riche en tourbe et humus, peuvent ainsi utiliser l'eau stockée dans le sol. La reprise de la croissance des espèces de montagne n'est possible au printemps que si vous leur assurez une bonne humidité du sol pendant toute cette période. Dans les régions où l'air est très sec, il faut essayer d'augmenter l'humidité de l'air autour de la rocaille. Faites alors, surtout en cas d'ensoleillement important, de fréquentes vaporisations d'eau en jet fin et large, sur la rocaille, les murets, les éviers ou auges fleuris. Faites de même en été en période chaude et sèche, mais arrosez plutôt aux heures fraîches.

Les besoins en eau des plantes vivaces diminuent cependant avec leur maturation (après la floraison). Il ne faut donc pas trop arroser en été, sauf en cas de sécheresse prolongée. Pierres et rochers sont, en outre, capables de retenir une certaine quantité d'eau pour ensuite la restituer lentement, phénomène très profitable pour toutes les petites plantes qui se développent dans les fissures. N'oubliez-pas en été que certaines espèces, notamment celles des montagnes méditerranéennes, apprécient la sécheresse. Ne les arrosez donc pas trop, elles risqueraient de pourrir. C'est pourquoi il est préférable de grouper ces espèces lors de la plantation, de façon à leur réserver un coin particulier de la rocaille, comme pour d'autres types de plantes aux exigences particulières. Sous climat très sec, établissez une petite pièce d'eau à proximité immédiate de la rocaille pour maintenir une humidité de l'air suffisante. La réalisation d'une pièce d'eau permet, de plus, d'élargir la gamme des plantations avec des espèces très intéressantes.

Outre les degrés d'humidité du sol et de l'air, la nature du sol, ou plutôt la composition de la couche de plantation, est d'une importance vitale pour certaines espèces. Dans le chapitre précédent "Sélection des plantes pour la rocaille", figurent de nombreux conseils sur la situation, le type de sol convenant aux espèces et variétés présentées, conseils dont vous devez tenir compte pour élaborer le plan de votre future rocaille.

Ainsi l'exemple de l'edelweiss illustre bien dans quelles conditions particulières cette plante typiquement alpine peut aussi s'acclimater et fleurir à basse altitude. Chaleur, lumière, sol riche en humus, associés à une humidité suffisante de l'air et du sol, sont nécessaires à son épanouissement.

***Primula x vochinensis,* un bel hybride spontané.**

Si vous la plantez dans un massif au sol très enrichi en compost et engrais, elle va verdir ou dégénérer.
C'est sur un versant sud, bien draîné, en sol assez pauvre, mais retenant tout de même suffisamment l'humidité, appuyée contre une pierre poreuse, que cette petite étoile des Alpes donnera le meilleur d'elle-même. Plantez les petites primevères alpines, comme *Primula auricula,* au contraire dans une terre humifère et tourbeuse, comme les gentianes dont on peut admirer le bleu intense dans les alpages non calcaires.

Dans certaines régions, l'association d'un fort ensoleillement et d'une faible humidité atmosphérique est le facteur limitant pour la culture des plantes alpines.
Deux solutions sont à envisager : augmenter l'ombrage et faire des vaporisation d'eau à mi-journée.
L'ombrage peut être apporté par un gros rocher ou un conifère bien placé, par exemple auprès d'un groupe de gentianes, sensibles à la chaleur. En surveillant les plantes de près, vous apprendrez à connaître leurs "points faibles" et à y remédier.
Parmi les plantes de rocaille, il y a malheureusement des espèces qui dégénèrent rapidement, quels que soient les efforts et l'attention qui leur sont consacrés, comme par exemple *Myosotis alpestris.* Préférez-lui *M. rupicola,* ou *M. rehsteineri* qui ne dépasse pas 5 cm de hauteur, pour les emplacements très humides, au printemps surtout. Ce type de comportement n'est pas à craindre avec les nombreuses espèces qui colonisent les rochers, comme les saxifrages de la section Kabschia, qui s'adaptent très bien à la culture en plaine. Il suffit de les planter sur la face est des rochers et murets.
En ce qui concerne la floribundité, certaines espèces de haute altitude sont très décevantes en plaine. Ainsi *Potentillanitida,* qui se couvre en montagne de délica-

tes fleurs rose pâle, ne montre souvent dans les rocailles que ses coussinets de petites feuilles gris argenté.
Il reste heureusement de nombreuses belles espèces qui, bien soignées, ne se font pas prier pour fleurir abondamment dans les rocailles les plus citadines !

APPORTS D'ENGRAIS

Faut-il donner de l'engrais aux plantes de montagne ? Il faut avant de répondre analyser le sol. Vous apprendrez ainsi quel est son pH, ce qui lui manque, s'il convient d'élever ou abaisser ce pH. Il ne faut cependant apporter aux plantes que ce dont elles ont besoin comme éléments nutritifs. Or ces espèces sont pour la plupart habituées à se développer sur des sols pauvres. Ce serait une erreur de faire des apports importants d'engrais complet dans la rocaille.
En règle générale, évitez ou limitez les apports d'engrais dans la

Saxifrage hybride de la section Kabschia.

rocaille. Surveillez régulièrement les plantes pour agir si besoin est dans des cas particuliers.

MULTIPLICATION

La multiplication du matériel végétal existant et l'élevage des jeunes plants sont des opérations indispensables au bon entretien de la rocaille, de façon à pouvoir renouveler les plantes quand besoin est, éventuellement l'agrandir ou l'enrichir.
La diversité des plantes de rocaille permet des floraisons dans ce coin privilégié du jardin de février jusqu'au début de l'hiver. Le nombre croissant d'espèces cultivées fait du jardinage une activité de plus en plus enrichissante, mais aussi qui nous pousse toujours plus loin. Ainsi rien n'est plus satisfaisant que de multiplier soi-même les plantes du jardin, ou d'autres provenances, pour en accroître les richesses !

LA MULTIPLICATION SEXUÉE

Le thème de la "multiplication" des plantes est très vaste. Vous

Pots de semis, enfoncés dans des caisses de tourbe.

ne trouverez ici que les grands principes appliqués aux plantes de rocaille. La multiplication par graines, ou multiplication sexuée, est en général la plus simple et la plus sûre pour conserver et augmenter un "stock" végétal. Sachez cependant que l'on ne peut obtenir de plantes identiques à la plante-mère qu'à partir d'espèces pures, et non d'hybrides et de variétés. La méthode la plus simple consiste à récolter les graines dans la nature, ce qui est une assurance de leur fraîcheur et de leur "conformité" à l'espèce-type. Malheureusement, peu d'amateurs savent reconnaître les plantes sauvages quand elles ne sont plus en fleurs, aussi la difficulté est-elle de récolter les graines au bon moment.

Récolte ou acquisition des graines

Pour vous familiariser avec le semis des plantes de rocaille, commencez par récolter les graines de votre rocaille. Attendez pour cela que les fruits soient parvenus à maturité, c'est-à-dire qu'ils commencent à sécher et s'ouvrir. Chez certaines espèces comme les géraniums vivaces, il faut récolter les graines au début de la maturation des fruits, sans quoi elles sont disséminées un peu partout. N'attendez pas trop

En haut : préparation du semis.
Au milieu : jeunes plants à repiquer.
En bas : graines prêtes à semer.

non plus pour les renonculacées, androsaces, primevères alpines, afin que l'enveloppe des graines ne durcisse pas trop. Conservez les fruits récoltés dans des sachets en papier ou des pots non fermés, dans un endroit frais, sec et aéré, à l'abri des oiseaux et rongeurs, jusqu'à l'automne. N'oubliez pas d'accompagner les fruits d'une étiquette mentionnant le nom botanique de l'espèce, et dressez une liste de vos récoltes, en vue d'éventuels échanges. Quand les fruits sont bien secs, en septembre-octobre environ, séparez les graines des fruits, par exemple en secouant ceux-ci au-dessus d'une grande feuille de papier. Placez ensuite les graines par espèces dans de petits récipients étiquetés, dans un local frais et sec. Si vous faites partie d'une société d'amateurs de plantes (voir page 12), vous aurez sans doute l'occasion de proposer votre propre récolte de graine pour des échanges fructueux ! Certains horticulteurs spécialisés proposent également des graines de plantes alpines. Les amateurs disposent donc de nombreuses possibilités pour essayer de multiplier eux-mêmes ce type de plante. Avant de commander des graines, déterminez les espèces que vous voulez établir en plus grand nombre dans la rocaille et tenez compte de leurs exigences. (Les graines sont moins chères que les jeunes plants). Quand vous recevez les graines, dressez la liste des différentes espèces, en indiquant pour chacune les conditions particulières qu'elle demande.

Le semis

Pour réussir vos semis, ne négligez pas les travaux préparatoires. Rassemblez dans un endroit sec des quantités suffisantes, par exemple dans des seaux, de compost parfaitement décomposé, tamisé, de terreau de feuilles, terre de bruyère, tourbe et sable de rivière, sable siliceux et gravier. Rassemblez des pots (en terre) de 9 et 12 cm de diamètre. Procurez-vous également des caisses à fond en caillebotis, d'environ 20-25 cm de hauteur, 50 x 50 cm de largeur et longueur, que vous remplirez de tourbe humide jusqu'à mi-hauteur. Les pots y seront enfoncés jusqu'au bord. Ce système permet de maintenir une humidité constante du substrat, indispensable à une bonne germination.
Commencez en octobre-novembre les semis d'*Adonis, Delphinium,* héllébores, androsaces et primevères. Attendez début février pour semer toutes les autres espèces. Les plantes alpines ont dans leur grande majorité des graines à dormance levée

Saxifraga marginata, de la section Kabschia.

par le froid, c'est-à-dire qui ont besoin de l'action conjuguée du froid et de la neige pour être ensuite aptes à germer. C'est pourquoi elle lèvent bien en début d'année.

Utilisez toujours des pots parfaitement propres pour le semis. Etalez au fond du pot une couche de 2-3 cm de gravier pour faciliter l'écoulement de l'eau d'arrosage. Remplissez ensuite le pot de mélange approprié, selon l'espèce concernée, jusque 1-2 cm du bord du pot. Plus les graines sont fines, plus la surface du mélange doit être finement préparée pour le semis. Pressez légèrement la terre. Ne semez pas les graines en trop grand nombre par pot afin que les plantules ne soient pas trop serrées.

Prenez les graines dans le creux de la paume, puis faites-les glisser lentement par le pli de la main, en surface du mélange. Recouvrez les graines d'une fine couche de mélange sableux, passé au tamis fin. Pressez à nouveau légèrement le mélange. Arrosez ensuite en pluie fine. Les graines seraient déplacées ou même entraînées par un arrosage violent. Enfoncez ensuite les pots dans les caisses préparées à cet effet, puis exposez les caisses au froid et au gel, dehors. Il est indispensable de couvrir les pots de grillage plastique ou métallique pour les protéger des oiseaux ou autres animaux. S'il neige, laissez la neige recouvrir les pots.

Repiquage et plantation définitive

On peut en général observer le processus de la germination dès les premiers jours du printemps. Les résultats sont irréguliers selon les espèces. Les cyclamens ne germent souvent qu'en octobre, les adonides l'année suivante. Soyez patient. Dès que les plantules sont vigoureuses, soit à peu près quand apparaît la troisième feuille, vous pouvez les repiquer, c'est-à-dire les extraire délicatement pour les planter dans des pots plus grands ou caissettes. Repiquez de préférence par temps frais. Protégez du soleil les plants récemment repiqués. La meilleure solution est d'enfoncer les pots dans la terre, dans un coin abrité du jardin, par exemple contre le mur est de la maison. Maintenez-les humides en permanence.

Les plantes vigoureuses peuvent être mises en place dès la fin de l'été. L'expérience montre cependant qu'il est préférable de repiquer à nouveau les plants dans des pots de 8 cm de diamètre, pour ne les planter à leur emplacement définitif que la deuxième, ou même la troisième année. On a ainsi la certitude que les plantes sont bien développées et aptes à fleurir.

Un hybride de Gentiana acaulis.

LA MULTIPLICATION VÉGÉTATIVE

La multiplication végétative, c'est-à-dire non sexuée, par division, bouturage de feuilles, tiges, ou racines, marcottage, demande un peu plus de connaissances techniques. La division des touffes est la méthode la plus simple de multiplication végétative et

Multiplication d'une primevère.

Divisez délicatement la touffe.

fréquemment utilisée pour les plantes vivaces. Procédez à la division des touffes en été, après la floraison. Les espèces robustes peuvent être aussitôt replantées, tandis qu'il est préférable de mettre les espèces fragiles en pot pendant un moment, dans un mélange riche en tourbe, même pour les espèces calcicoles, comme les saxifrages. Enfoncez les pots contenant les portions de touffe en pleine terre dans un endroit à l'abri du soleil direct et maintenez une humidité constante. Les éclats de souche auront émis suffisamment de racines au printemps suivant pour pouvoir être plantés en pleine terre.

Multipliez les plantes bulbeuses comme les vivaces, par semis ou bien par séparation des bulbilles ou écailles du bulbe (comme pour les lis). De même, vous pouvez, après la floraison, diviser les touffes des plantes bulbeuses devenues trop importantes.

Éclats de touffe prêts à replanter.

MALADIES ET PARASITES

Vous vous demandez peut-être pourquoi toutes les belles plantes de montagne ne poussent pas aussi en plaine, au bord des chemins ou dans les prairies. Du fait de la nature du sol, plus "riche" et des conditions climatiques, tout est plus "luxuriant" en plaine. Un edelweiss planté dans une prairie ou un jardin serait rapidement étouffé par de grandes graminées ou des mauvaises herbes. Cet exemple permet d'insister sur l'une des tâches fondamentales pour l'entretien de la rocaille et la survie des plantes alpines, le **désherbage.** Celui-ci doit être effectué à la main, sans avoir recours à quelque moyen chimique ou technique.

Les graminées, dont le chiendent, le liseron, le mouron, sont quelques exemples de mauvaises herbes particulièrement envahissantes. De même les plantes de rocaille à système racinaire envahissant, comme *Cerastium liebersteinii,* l'épervière *Hieracium aurantiacum, Sedum acre,* ainsi que les plantes qui se ressèment en abondance, peuvent menacer les espèces plus délicates, moins vigoureuses.

Vous pouvez utiliser un herbicide du commerce pour éliminer les mauvaises herbes poussant entre les dalles.

LES PARASITES ANIMAUX

Il existe quantité de parasites animaux et végétaux. Les plus redoutables pour les plantes de rocaille, comme d'ailleurs pour la plupart des plantes du jardin, sont les suivants :

Les **nématodes** ou **anguillules** sont des vers microscopiques. Ils abîment les racines des plantes, facilitant ainsi la pénétration de bactéries dans les tissus, ce qui entraîne en général le dépérissement de la plante. Dès que vous repérez des plantes malades, éliminez les feuilles atteintes et brûlez-les. Il existe contre les nématodes des produits de traitement très efficaces.

Les **fourmis** peuvent causer des dégâts sur les touffes qu'elles envahissent. Il existe dans le commerce des produits spécifiques pour s'en débarrasser, par arrosage ou pulvérisation.

Les **pucerons** sont un autre parasite bien connu et très fréquent, à combattre par des traitements insecticides répétés à intervalles réguliers.

Certains **charançons** noirs de petite taille rongent les feuilles des plantes. On trouve leurs œufs en été sur le tas de compost. Les larves blanches, d'environ 12 mm de longueur, s'attaquent aux racines et aux tiges, entraînant le dépérissement de la plante. Traitez avec un insecticide approprié.

On peut citer parmi les autres ravageurs à combattre pour éviter des dégâts importants dans le jardin, les **vers fil-de-fer** (larves de taupin), **vers blancs** (larves de hanneton) et **mille-pattes.**

Il existe bien d'autres animaux "gêneurs" au jardin, comme **collemboles, chenilles noctuelles** et **courtillières.** Cette dernière aime

les sols chauds et humides (comme souvent dans la rocaille !), et s'attaque aux racines des plantes cultivées, y creusant des galeries larges comme le doigt. Des plantes qui fânent subitement sont souvent un signe de la présence de ce parasite.
Les **escargots** et **limaces** sont d'autres ravageurs très courants, surtout les espèces nocturnes de limaces. Utilisez des appâts empoisonnés pour les détruire. Contrôlez régulièrement l'état des semis pour ne pas avoir de mauvaises surprises. Les limaces sont en effet souvent présentes au bord inférieur du pot et attendent l'obscurité pour aller dévorer les jeunes plants. On les trouve également sous les pierres humides, entre les clayettes, sur le tas de compost.
Campagnols et **taupes** sont des ravageurs de plus grande taille. Chassez les taupes à l'aide, par exemple, de grosses boules de naphtaline achetées dans une droguerie. Utilisez contre les campagnols, qui rongent les racines des plantes, des appâts empoisonnés spécifiques. Surveillez régulièrement l'aspect du jardin. Si vous observez des monticules de terre, essayez de déterminer s'il s'agit d'un crapaud, à protéger, ou bien de campagnols ou de taupes.
Les jardins proches des champs et des bois peuvent subir l'assaut

Larve nuisible et un coléoptère utile.

des **lapins**, mais ceci est de plus en plus rare. Le cas échéant, protégez la rocaille par un grillage métallique à mailles fines, sur environ 1 m de hauteur.
Quant aux **mulots**, ils sont souvent si mignons qu'il faut se poser la question de savoir si on veut les nourrir, ou protéger les plantes coûte que coûte !
Ne vous inquiétez pas trop face à cette énumération de parasites ! Ils ne sont pas présents, fort heureusement, dans tous les jardins et sont plus souvent attirés par le potager que par la rocaille.
Enfin, la panoplie des produits phytosanitaires du commerce permet des traitements de plus en plus précis et efficaces.

PROTECTION DES ANIMAUX UTILES

Après les plantes, les animaux sont le symbole de notre responsabilité envers tout ce qui est vivant sur notre planète. A chaque nouvel arbre ou arbuste que nous plantons, nous enrichissons l'espace vital des oiseaux. Et quel plaisir procurent au jardin, été comme hiver, mésange, épeiche, rouge-gorge et pinson, bouvreuil, gros-bec et tarin. Qui ne s'est jamais extasié de voir l'écureuil sauter d'arbre en arbre et sortir des noisettes de sa cachette, ou encore d'entendre le chant du merle ! Il convient cependant d'être vigilant, car il n'est pas rare que les oiseaux déchiquètent et déterrent certaines touffes. Au printemps, il faut parfois protéger les crocus et primevères jaunes jusqu'au matin pour éviter que les merles ne les arrachent à moitié.

Le crapaud participe au combat contre limaces et escargots.

Tout le monde veut protéger les hérissons, si inoffensifs et de plus en plus rares, mais comment faire quand on est par ailleurs obligé de répandre des granulés anti-limaces en quantité ? Des études sérieuses ont cependant montré que ces granulés utilisés pour détruire les limaces ne sont pas toxiques pour les hérissons. Comme chacun sait, le hérisson est plus souvent écrasé par des voitures la nuit. Si vous avez la chance d'abriter une famille hérisson dans votre jardin, proposez-leur du lait écrémé et laissez-les disposer des tas de feuilles mortes pour les aider à passer l'hiver au chaud.

Les lézards sont d'autres compagnons à protéger. Ils aiment prendre le soleil sur les pierres chaudes de la rocaille et peuvent devenir très familiers.

Si vous implantez un bassin dans votre jardin, vous ne tarderez pas à avoir de la visite. Les différentes grenouilles, crapauds, voire salamandres et tritons, sont toujours contents de s'y installer. Les crapauds sont des animaux particulièrement utiles. Ils se

Le bourdon au travail.

nourrissent de nombreux ravageurs, notamment limaces et escargots.

Comme pour la végétation, c'est au printemps que la faune du jardin offre le plus beau spectacle. Les oiseaux chantent, construisent leurs nids, il y a partout quelque chose à voir, quelque chose à faire. Les enfants observent avec de grands yeux subjugués les premiers têtards, les grenouilles, et toute cette vie qui s'annonce. Le jardin redevient notre univers. Il y a quelques semaines encore, vous donniez de la nourriture aux oiseaux. Ils vous en sont aujourd'hui reconnaissants et s'activent à détruire les parasites du jardin, sur les arbres et les arbustes. On passerait des heures à observer le manège des rouges-gorges et mésanges, leurs allées et venues. Le jardin est un merveilleux terrain de découverte pour petits et grands. Il serait bien dommage de détruire, même par inadvertance, toute cette faune utile et industrieuse qui nous entoure.

PROTECTION DE LA NATURE

Il est à vrai dire dommage qu'il soit devenu nécessaire de protéger la nature par des interdits. Il serait tellement plus satisfaisant que la raison commande les réflexions et les actions de chacun ! Mais il est vrai aussi que l'industrialisation, la surpopulation, l'utilisation d'engrais, herbicides et insecticides en agriculture, l'assèchement des marais, la construction de remontées mécaniques, pistes de ski et autres "complexes" de loisirs sont autant d'attaques que subit la nature. On commence même à découvrir de véritables dépôts d'ordures au beau milieu des plantes alpines, sur des sommets à plus de 3000 m d'altitude ! On en vient à douter des qualités de la race humaine !

Il existe heureusement encore de nombreuses belles prairies alpines, des parcs régionaux ou nationaux où la nature est sauvegardée, des ruisseaux à l'eau cristalline. Le réveil de la nature est chaque année au printemps un spectacle émouvant dont on ne peut se lasser.

Suivez chaque année ce réveil de la nature dans votre jardin, pas à pas. Dès décembre fleurissent les bruyères hivernales, les roses de Noël. L'aconit d'hiver offre en février ses courageuses petites fleurs jaunes. Puis ce sont les perce-neige qui sonnent les débuts du printemps, suivis du cortège des crocus, narcisses, tulipes,... Dans la nature, les hépatiques sont déjà fleuries. Le daphné à fleurs roses nous dispense son parfum presque étourdissant.

Ne vous contentez pas des fleurs du jardin mais allez aussi en montagne, une fois au moins, admirer l'éclat des floraisons printanières, les prairies couvertes de petits narcisses, gentianes, campanules, petits œillets et autres merveilles. Les couleurs éclatantes du lis orangé sont visibles de loin, tandis que le lis martagon campe majestueusement devant les parois rocheuses. Les rochers offrent d'étonnants trésors de végétation tenace et tapissante : saxifrages, joubarbes, délicat *Silene acaulis.* Ici et là poussent de petites violettes, des primevères colorées, jaunes, rouges, roses ou violettes. Toutes fleuriront sans difficulté dans votre rocaille. Sauf si une espèce est présente en très grand nombre, évitez en règle générale de vous "servir" dans la nature pour constituer votre rocaille. Laissez celle-ci intacte ou revenez plutôt en fin de saison récolter des graines.

Epilobium angustifolium, l'épilobe dans son habitat naturel ; un exemple de mise en valeur réussie, source d'inspiration pour une scène de rocaille.

OÙ ACHETER LES PLANTES DE ROCAILLE ?

De plus en plus, les jardineries proposent une gamme de plantes de rocaille, ainsi que les conifères nains. Voici quelques adresses d'horticulteurs plus spécialisés en la matière :

Établissements Emmanuel Lepage, La Fontaine, Chemin des Perrins, 49130 Les Pont-de-Cé, Tél. : 41.44.93.55

Pépinière du Petit Caux, Frédéric Cotelle, Derchigny-Graincourt, 76370 Neuville-lès-Dieppe, Tél. : 35.83.61.38

Ellébore, Jardin d'acclimatation, bois de Boulogne, 75116 Paris, Tél. : (1) 47.45.11.37

Horticulture Ghislaine Barrère, Les 4 coins, Beaumont sur Lèze, 31190 Hauterive, Tél. : 61.08.82.59

Pépinières Jacques Briant, 49480 Saint-Sylvain-d'Anjou, Tél. : 41.69.54.69

J.A. Bureau, 49170 Savennières, Tél. : 41.72.21.67

Shryve-Jardin (plantes bulbeuses), 121 rue Dambrine, 59270 Strazeele, Tél. : 28.43.57.72

Pépinières B. Soubrieux-Giroux, 11, rue Chardon, 45100 Orléans, Tél. : 35.83.61.38

Despalles (plantes bulbeuses, plantes vivaces), 5, rue d'Alésia, 75014 Paris, Tél. : (1) 45.89.05.31

Iris en Provence (Iris), route d'Appie, BP 53, 83402 Hyères Cedex, Tél. : 94.57.38.63

Pépinière Allavoine (conifères nains), RN 446, 78350 Jouy-en-Josas, Tél. : 39.50.56.98

PETITE BIBLIOGRAPHIE

Plantes alpines et de rocaille, Floraisse-Larousse, 1975.

Les plantes et fleurs de montagne, Guido Moggi, guide vert, Solar 1984.

Rocailles, terrasses et balcons fleuris, Michèle Lamontagne, Baillère, 1971.

Jardins d'eau et de rocaille, encyclopédie Time-Life du jardinage, Time-Life 1980.

Rocailles fleuries, A. Correvon, Delachaux et Niesclé, 1955.

Plantes de rocaille, hors série n° 32 de l'Ami des Jardins.

Comment réussir votre rocaille, Guide Mon Jardin, Ma Maison, 1987.

et

Plantes de montagne, bulletin trimestriel de la Société des Amateurs de Jardins Alpins.

Imprimé en France pour les Éditions Bornemann en mai 1999
par l'Imprimerie Jean-Lamour, 54320 Maxéville
Dépôt légal : juin 1999